少年读经典史籍

少年读贞观政要

李 楠 主编

民主与建设出版社
·北京·

图书在版编目（CIP）数据

少年读贞观政要 / 李楠主编 . -- 北京：民主与建
设出版社，2020.7

（少年读经典史籍；4）

ISBN 978-7-5139-3072-7

Ⅰ . ①少… Ⅱ . ①李… Ⅲ . ①典章制度—中国—唐代
②《贞观政要》—少年读物 Ⅳ . ① D691.5-49

中国版本图书馆 CIP 数据核字（2020）第 102709 号

少年读贞观政要

SHAONIAN DU ZHENGUAN ZHENGYAO

主　　编	李　楠
责任编辑	刘树民
总 策 划	李建华
封面设计	黄　辉
出版发行	民主与建设出版社有限责任公司
电　　话	（010）59417747　59419778
社　　址	北京市海淀区西三环中路 10 号望海楼 E 座 7 层
邮　　编	100142
印　　刷	三河市燕春印务有限公司
版　　次	2020 年 8 月第 1 版
印　　次	2020 年 8 月第 1 次印刷
开　　本	850mm × 1168mm　1/32
印　　张	5 印张
字　　数	128 千字
书　　号	ISBN 978-7-5139-3072-7
定　　价	198.00 元（全六册）

注：如有印、装质量问题，请与出版社联系。

　　《贞观政要》是唐代史学家吴兢撰写的一部政论性的史书，它以记言为主，记录了贞观年间唐太宗李世民与臣下魏征、王珪、房玄龄、杜如晦等人关于施政问题的对话以及一些大臣的谏议和劝谏奏疏等。此外也记载了一些当时实行的政治、经济上的重大措施。

　　全书共十卷四十章，每章多以故事、轶文为引子，生动有趣，概括集中，记叙与评介言简意赅，清晰明了。书中广泛引用了哲理教义较深的格言名句，因此这部著作既有史实，又有很强的政论色彩；既是唐太宗"贞观之治"的历史记录，又蕴含着丰富的治国安民的政治观点和成功的施政经验。所以该书是一部独具"资治"特色，对人富有启发的历史著作。书中列举的那些在思想上、认识上、决策上有重要实践意义和借鉴价值的史事，既显示贞观年间的政治面貌，又可激发后人的思索与追求，因此受到历代帝王的重视，成了后世"朝野上下必备""入世为人必读"的教科书。

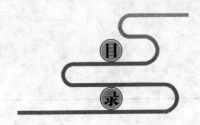

目录

政体篇

原 文

贞观元年，太宗谓黄门侍郎王珪曰①："中书所出诏敕，颇有意见不同，或兼错失而相正以否。元置中书、门下②，本拟相防过误。人之意见，每或不同，有所是非，本为公事。或有护己之短，忌闻其失，有是有非，衔以为怨③。或有苟避私隙，相惜颜面，知非政事，遂即施行。难违一官之小情，顿为万人之大弊，此实亡国之政，卿辈特须在意防也。隋日内外庶官，政以依违而致祸乱，人多不能深思此理。当时皆谓祸不及身，面从背言，不以为患。后至大乱一起，家国俱丧，虽有脱身之人，纵不遭刑戮，皆辛苦仅免，甚为时论所贬黜。卿等特须灭私徇公，坚守直道，庶事相启沃，勿上下雷同也。"

注 释

①黄门侍郎：秦汉时本为君主近侍之官，属少府。魏晋以下沿置，与侍中同掌侍从威仪，纠正违失。至唐玄宗天宝元年（742年），改称门下侍郎，员二人，为门下省长官侍中之副，同判省事。职掌祭祀、赞献、奏天下之祥瑞。王珪（570～639年）：字叔玠，太原祁（今山西祁县）人，唐代初期著名的政治家。贞观二年（628年）任侍中，进位宰相，成为与房

玄龄、魏征、杜如晦等齐名的唐初名相。他敢于直谏，惩恶扬善，为唐代初期的政治发挥了重要作用。

②门下：本为门庭之下的意思。古代从皇帝到郡县长吏，均可适用。侍中等官本管皇帝门下众事，后形成官署门下省。唐曾改为东台、鸾台、黄门省等，旋复旧称。门下省原为皇帝的侍从机构，南北朝时权力逐渐扩大，北朝政出门下，成为中央政权机构的重心。隋唐时与中书省同掌机要，共议国政，并负责审查诏令，签署章奏，有封驳之权。其长官称侍中，或称纳言、左相、黄门监，皆因时而异。其下有黄门侍郎、给事中、散骑常侍、谏议大夫、起居郎等官。

③衔：含着，这里指含恨在心。

译 文

贞观元年（627年），太宗对黄门侍郎王珪说："中书省所草拟颁发出的文告命令，门下省与其意见颇有不同，有时两省各有一些错误失当之处，但却又可以相互纠正。当初设置中书省、门下省的目的，就是为了相互防止发生过错失误。人们的意见常常会有不同，有正确的也有错误的，而本意都是为了办好公事。但有的人为了掩盖自己的短处，不愿听到别人指出自己的过失，听到别人议论他的是非，便含恨在心。有的人为了避免和别人产生私人恩怨，相互照顾脸面，明知有碍于政事的地方，仍马上施行。这种只为不违背一个官员的私情，却在顷刻间造成了危害千万百姓的大弊端，实在是亡国的弊政，你们要特别注意防范。隋朝时，朝廷内外的官员都人云亦云，见风使舵，从而招致祸乱发生，人们往往不能深入思考其中的道理。当时大家都以为灾难不会落到自己头上来，当面说好话，背后搬弄是非，不觉得那样做会造成危害。到后来天下大乱，国破家亡，虽说有人能幸免于难，没有遭到刑戮，但也活得非常艰辛，还会深受社会舆论的谴责。所以你们身为大臣必须去除私欲，秉公办事，坚守正道，凡事都要相互讨论，互相启发，千万不要人云亦云。"

原　文

贞观五年，太宗谓侍臣曰："治国与养病无异也。病人觉愈，弥须将护①；若有触犯，必至殒命。治国亦然，天下稍安，尤须兢慎②，若便骄逸，必至丧败。今天下安危，系之于朕，故日慎一日，虽休勿休③。然耳目股肱④，寄于卿辈，既义均一体，宜协力同心，事有不安，可极言无隐。傥君臣相疑，不能备尽肝膈⑤，实为国之大害也。"

注　释

①弥：格外，更加。

②兢慎：兢兢业业，小心谨慎。

③虽休勿休：虽然做好了也不自夸。以示谦虚谨慎。

④股肱：大腿和胳膊。这里与前面的"耳目"，都是比喻左右辅佐之臣。

⑤傥：倘若，假使。备尽肝膈：做到推心置腹、坦诚相照。肝膈，比喻内心。

译　文

贞观五年（631 年），太宗对身边的大臣们说："治国和养病的道理没有多大差别。当病人觉得病情有所好转时，就更加需要小心地调护；如果触犯调护禁忌，必然会导致死亡。治国也是这样，天下稍微安定的时候，尤其需要兢兢业业，小心谨慎。如果因此骄傲放纵，必然会招致衰乱覆亡。现在天下安危的责任全部维系在我一人身上，所以我一天比一天谨慎，即使有做得好的也不敢自夸。至于起耳目手足作用的就寄托在你们身上，既然君臣之间的道义把我们联成一个整体，就应当同心协力，政事有处理不妥当的地方，就应当毫无保留地直言不讳。倘若君臣之间互相猜忌，不能做到推心置腹、肝胆相照，实在是治国的大祸害啊！"

原文

贞观六年，太宗谓侍臣曰："看古之帝王，有兴有衰，犹朝之有暮①，皆为蔽其耳目，不知时政得失。忠正者不言，邪谄者日进②，既不见过，所以至于灭亡。朕既在九重③，不能尽见天下事，故布之卿等，以为朕之耳目。莫以天下无事，四海安宁，便不存意。'可爱非君，可畏非民④？'天子者，有道则人推而为主，无道则人弃而不用，诚可畏也。"

魏征对曰："自古失国之主，皆为居安忘危，处理忘乱，所以不能长久。今陛下富有四海，内外清晏⑤，能留心治道，常临深履薄⑥，国家历数⑦，自然灵长。臣又闻古语云：'君，舟也；人，水也。水能载舟，亦能覆舟⑧。'陛下以为可畏，诚如圣旨。"

注释

①朝：早晨。

②邪谄：邪恶谄佞小人。

③九重：这里指九重宫阙。皇帝深居九重宫阙，一般人不可达到。言外之意就是皇帝与外界隔绝，听不见百姓的声音。

④可爱非君，可畏非民：语出《尚书·大禹谟》。意思是说，百姓所爱戴的不是君王吗？君王所畏惧的不是百姓吗？

⑤清晏：清平安定。晏，平静，安逸。

⑥履薄：行走于薄冰上。喻身处险境，戒慎恐惧之至。

⑦历数：指国家的气运。

⑧ "君，舟也"六句：语出《易经·系辞上》。意谓君主好比是船，百姓好比是水。水能够载船行走，也能把船掀翻。

贞观六年（632年），太宗对身边的大臣们说："纵观古代的帝王，总是有兴盛有衰亡，就好像有早晨就必定有黄昏一样，这都是因为他们的耳目受了遮蔽，不了解当时的政治得失。忠诚正直的人不敢直言劝谏，邪恶诣谀的人却一天天得到重用，国君看不见自己的过失，所以导致国破家亡。我既然身居九重深宫，不能看见天下发生的所有事情，所以安排你们作为我的耳目去了解真实情况。不要以为天下无事，四海安宁，就不在意。《尚书》中说：'百姓所爱戴的不是君王吗？君王所畏惧的不是百姓吗？'作为国君，圣明有道，百姓就会拥戴他为君主；如果昏庸无道，百姓就会将他抛弃而不拥戴他，这实在令人感到恐惧啊！"

魏征回答说："自古以来的亡国之君，都是因为处在安定的环境里就忘记了覆亡的危险，处在盛世就忘记了乱世，所以不能长久地统治国家。如今陛下拥有天下，内外清平安定，能够留心治国安邦之道，常常如临深渊，如履薄冰，以这样的态度治理天下，国运自然会长久。我又听过这样的古语说：'君主好比是船，百姓好比是水；水能够载船行走，也能把船掀翻。'陛下认为百姓的力量可畏，实际情况确实是如您讲的那样！"

贞观九年，太宗谓侍臣曰："往昔初平京师，宫中美女珍玩，无院不满。炀帝意犹不足，征求无已，兼东西征讨，穷兵黩武①，百姓不堪，遂致亡灭。此皆朕所目见。故夙夜孜孜②，惟欲清净，使天下无事。遂得徭役不兴，年谷丰稔③，百姓安乐。夫治国犹如栽树，本根不摇则枝叶茂荣。君能清静，百姓何得不安乐乎？"

注 释

①黩武：滥用武力，好战。

②凤夜孜孜：夜以继日，孜孜不倦。凤，早晨。

③丰稔：庄稼成熟。形容年成好。

译 文

贞观九年（635年），唐太宗对侍从的大臣们说："当年隋朝刚刚平定京师，宫中的美女、奇珍玩物，没有一个宫院不是满满的。但隋炀帝还是不满足，横征暴敛搜求不止，再加上东征西讨，穷兵黩武，弄得百姓不堪忍受，于是导致了隋朝灭亡。这些都是我亲眼见到的。因此我每天从早到晚辛勤努力、孜孜不倦，只求清净无为，使天下不生事端。从而做到不兴徭役，五谷丰登，百姓安居乐业。治国就好比种树，只要树根稳固不动摇就能枝繁叶茂。君主能够做到清静少欲，百姓怎么会不安居乐业呢？"

原 文

贞观十六年，太宗谓侍臣曰："或君乱于上，臣理于下；或臣乱于下，君理于上。二者苟逢，何者为甚？"

特进魏征对曰："君心理，则照见下非。诛一劝百，谁敢不畏威尽力？若昏暴于上，忠谏不从，虽百里奚、伍子胥之在虞、吴①，不救其祸，败亡亦继。"

太宗曰："必如此，齐文宣昏暴②，杨遵彦以正道扶之得理③，何也？"

征曰："遵彦弥缝暴主④，救理苍生⑤，才得免乱，亦甚危苦。与人主严明，臣下畏法，直言正谏皆见信用，不可同年而语也。"

注 释

①百里奚：姓百里，名奚，字井伯。生卒不详。《左传》里称他为"百

里"，《史记》等书中称他为"百里傒"或"百里奚"。春秋时期楚国宛（今河南南阳）人，一说虞（今山西平陆北）人。春秋时秦国大夫。少时家境甚贫，颠沛流离，后出游诸国，到齐国，不被任用；又至周，仍不被任用。后被虞公任用为大夫，晋灭虞后被虏，作为陪嫁之臣被送往秦国。因秦穆公以媵臣待之，出走至宛，为楚人所执。后秦穆公闻其贤，用五张黑牡羊皮将其赎回，授以国政，称为五羖大夫。百里奚担任秦国宰相七年之久，"三置晋国之君"，"救荆州之祸"，

▲ 百里奚

"发教封内，而巴人致贡；施德诸侯，而八戎来服"。百里奚为秦国的国强民富，为秦穆公的霸业立下了不可磨灭的功绩，为秦国统一六国、为中国的统一奠定了基础。伍子胥（？～前484年）：名员，春秋时楚国人。性刚强，青少年时，即好文习武，勇而多谋。周景王二十三年（公元前522年），因遭楚太子少傅费无忌陷害，父、兄为楚平王所杀，被迫出逃吴国，发誓必倾覆楚国，以报杀亲之仇。他逃至吴国，助吴王筑城练兵，发愤图强。吴王阖闾去世后，他扶助夫差即位，帮助夫差打败越国，并阻止夫差让勾践回国，谏劝夫差放弃攻打齐国而伐越。夫差听信伯嚭谗言，于公元前484年秋赐剑使伍子胥自刎。春秋末期吴国的兴亡，伍子胥举足轻重，其治国用兵，以务实为旨，远见卓识，谋略不凡。《汉书·艺文志》著录有《伍子胥》兵书十篇、图一卷，已亡佚。虞、吴：春秋时期的两个小国。

②齐文宣：即高洋，字子进，高欢的第二子，高澄的同父同母兄弟。孝静帝武定八年（550年）五月，高洋带兵回到邺城，在金虎台逼孝静帝让位，自己坐上了皇帝的宝座，改元天保，尊父亲高欢为神武皇帝，哥哥高澄为文

襄皇帝，他自己成了齐文宣皇帝。在位期间励精图治，使北齐的面积大为增加。在位后期，生活荒淫，草菅人命。幸丞相主持朝政，"主昏于上，政清在下"，才不至于亡国。后病死，终年31岁。庙号显祖，谥文宣帝。

③杨遵彦：名愔，字遵彦，小名秦王，弘农华阴（今陕西华阴）人。北齐时大臣，在文宣帝高洋手下很受重用。高洋代魏自立时，害死了魏孝静帝，把孝静帝的皇后、他的妹妹太原长公主许给了杨遵彦，并累封他至开封王。高洋临终的时候，他的儿子高殷还只有十六岁，且个性软弱。他对后事颇为忧虑，便遗诏让杨遵彦等人为宰辅，辅助他儿子治理国家。

④弥缝：弥补，补救，缝合缺陷。

⑤苍生：指平民百姓。

译 文

贞观十六年（642年），太宗对身边的大臣们说："有时是君主在上面昏乱，臣子在下面精心治理；有时是君主在上面精心治理，臣子却在下面作乱。如果碰到这两种情况，哪一种更严重呢？"

特进魏征回答道："君主有心治理好天下，就能洞察到臣下的过失。杀一儆百，谁还敢不畏惧君主的威严而尽力办事？如果君主在上面暴戾昏庸，不采纳臣下的劝谏，就像春秋时虞国、吴国，虽有百里奚、伍子胥这样的贤臣，也无法挽救国家的祸患，国破身亡也将随之而来。"

太宗说："如果必然是这样，那么北齐文宣帝昏庸残暴，杨遵彦却能用正确的方法辅佐他治理好北齐，这又是什么道理呢？"

魏征回答道："杨遵彦弥补了暴君的过失，挽救了百姓，才使得北齐免于祸乱，但也是非常困苦的。这与君主廉正圣明、大臣畏惧法律、正确的谏言都被采纳的情况是不可同日而语的！"

任贤篇

原　文

魏征，钜鹿人也①，近徙家相州之临黄②。武德末，为太子洗马③。见太宗与隐太子阴相倾夺，每劝建成早为之谋。

注　释

①钜鹿：地名，今河北平乡。

②相州：北魏在邺城立相州，是为相州名称之始。公元580年，北周灭北齐，邺城被焚，邺民全部迁至安阳。安阳遂称相州，亦称邺郡。唐属河北道，沿用相州一名，在今河北临漳西南。临黄：在今河南安阳黄县西北。

③洗马：官名。汉时为东宫官属，太子出则为前导。晋时改掌朝廷图籍，后代因袭之。

译　文

魏征，河北钜鹿人，前不久又迁居到相州的临黄。武德末年，担任太子洗马。当他看到太宗同隐太子李建成暗中争夺权力帝位

▲ 魏　征

时，常劝建成早作打算。

原文

太宗既诛隐太子，召征责之曰："汝离间我兄弟，何也？"众皆为之危惧。征慷慨自若，从容对曰："皇太子若从臣言，必无今日之祸。"太宗为之敛容，厚加礼异，擢①拜谏议大夫。数引之卧内，访以政术。征雅有经国之才，性又抗直，无所屈挠。太宗每与之言，未尝不悦。征亦喜逢知己之主，竭其力用。又劳之曰："卿所谏前后二百馀事，皆称朕意，非卿忠诚奉国，何能若是？"

注释

①擢：提升。

译文

太宗杀了隐太子后，把魏征叫来责问他说："你为什么要离间我们兄弟？"当时大家都替魏征担惊受怕，魏征却慷慨自若，从容地回答说："皇太子如果听了我的话，肯定不会有今天的杀身之祸。"太宗听了后肃然起敬，对他分外以礼相待，并提升他为谏议大夫。曾多次把他请进卧室，向他请教治理国家的办法。魏征素有治国的才能，性情又刚直不阿、不屈不挠。太宗每次和他交谈，从来没有不高兴的。魏征也庆幸遇到赏识自己的国君，竭尽全力来为太宗效劳。太宗抚慰魏征说："你所劝谏我的前后共有二百馀起，都很符合我的心意。如果不是你忠诚为国，怎能这样？"

原文

三年，累迁秘书监①，参预朝政。深谋远算，多所弘益。太宗尝谓曰："卿罪重于中钩②，我任卿逾于管仲③，近代君臣相得，宁有似我于卿者乎？"

注释

①秘书监：官名。东汉廷熹二年（159年）始置。属太常寺，典司图籍，后废。魏文帝又置，掌世文图籍，初属少府。晋初并入中书。晋永平时又置，并统著作局，掌三阁图书。宋与晋同。梁时为秘书省长官，北朝亦置。隋炀帝时曾称秘书省令。唐高宗时曾改称太史，旋复旧，为秘书省的长官，主管国家的图书典籍。

②中钩：指春秋时管仲射齐公子小白中其带钩事。齐襄公十二年（公元前686年），齐国动乱，公孙无知杀死齐襄王，自立为君。一年后，公孙无知又被杀，齐国一时无君。逃亡在外的公子纠和小白，都力争尽快赶回国内夺取君位。管仲为使纠当上国君，埋伏中途欲射杀小白，箭射在小白的铜制衣带钩上。小白装死，在鲍叔牙的协助下抢先回国，登上君位。他就是历史上有名的齐桓公。桓公即位，设法杀死了公子纠，也要杀死射了自己一箭的仇敌管仲。鲍叔牙极力劝阻，指出管仲乃天下奇才，要桓公为齐国强盛着想，忘掉旧怨，重用管仲。桓公接受了建议，接管仲回国，不久即拜为相，主持政事。管仲得以施展全部才华。

③管仲（？～公元前645年）：名夷吾，又名敬仲，字仲，春秋时期齐国著名的政治家，颍上（今安徽颍上）人。春秋时杰出的政治家、著名的军事家、军事改革家，以其卓越的谋略辅佐齐桓公成为春秋时第一个霸主。管仲的言论见《国语·齐语》。有《管子》一书传世。

译文

贞观三年（629年），经过多次升迁，魏征升任至秘书监，参与管理朝政大事。他深谋远虑，对治理国家有很多重大的贡献。太宗曾对他说："你曾有比管仲射中齐桓公带钩更大的罪过，而我对你的信任却超过了齐桓公对管仲的信任，近代君臣之间融洽相处，有像我和你这样的吗？"

六年，太宗幸九成宫^①，宴近臣，长孙无忌曰^②："王珪、魏征，往事息隐，臣见之若仇，不谓今者又同此宴。"太宗曰："魏征往者实我所仇，但其尽心所事，有足嘉者。朕能擢而用之，何惭古烈？征每犯颜切谏，不许我为非，我所以重之也。"征再拜曰："陛下导臣使言，臣所以敢言。若陛下不受臣言，臣亦何敢犯龙鳞、触忌讳也^③。"太宗大悦，各赐钱十五万。

①九成宫：始建于隋文帝开皇十三年（593年）二月，竣工于隋开皇十五年（595年）三月。开始名叫"仁寿宫"，是文帝的离宫。唐太宗贞观五年（631年）修复扩建，更名为"九成宫"。

②长孙无忌（？～659年）：字辅机。洛阳（今河南洛阳）人。其先祖为鲜卑族拓跋氏，后改姓长孙。隋时名将，其妹为太宗皇后。无忌虽出于军事世家，却好学，善于谋划。他从小就和李世民亲善，太原起兵后，常从李世民征伐，参预机密。唐武德九年（626年），李世民发动"玄武门之变"，他是策划和组织者之一。唐太宗时任尚书右仆射、司空、司徒等职，封齐国公，又徙赵国公。与房玄龄等同为宰相。唐高宗时期，长孙无忌由于反对武则天擅权，与武氏结怨。后遭武氏以谋反罪名诬陷，全宗族或杀或流放，长孙无忌本人遭流放至黔州（今四川彭水），不久被迫自杀。贞观中，他和房玄龄主修《唐律》和《律疏》。永徽四年（653年），《律疏》三十卷成，即现存的《唐律疏议》。

③龙鳞：这里指君主。《韩非子·说难》："夫龙之为虫也，柔可狎而骑也。然其喉下有逆鳞径尺，若人有撄之者则必杀人。人主亦有逆鳞，说者能无撄人主之逆鳞则几矣。"意谓龙作为一种动物，驯服时可以戏弄着

骑它，但它喉下有一尺长的逆鳞片，假使有人动它的话，就一定会受到伤害。君主也有逆鳞，进说者能不触动君主的逆鳞，就差不多成功了。后因以"龙鳞"指君主。

贞观六年（632年），太宗驾临九成宫，设宴招待亲近的大臣，长孙无忌说："王珪、魏征过去侍奉过隐太子李建成，我见到他们就像见到仇敌一样，想不到今天同在一起参加宴会。"太宗说："魏征过去确实是我的仇敌，但他能尽心尽力地来侍奉主子，有值得赞扬的地方。我能提拔重用他，和古代圣贤相比也毫无愧色吧？魏征每次都能犯颜直谏，不许我做错事，这是我器重他的原因。"魏征向太宗拜了两拜说："陛下引导我进谏言，所以我才敢直言无讳。如果陛下不接受我的意见，我怎么还敢去违逆龙鳞、触犯忌讳呢？"太宗听了很是高兴，每人赐给十五万钱。

原　文

七年，代王为侍中，累封郑国公。寻以疾乞辞所职，请为散官①。太宗曰："朕拔卿于仇虏之中，任卿以枢要之职②，见朕之非，未尝不谏。公独不见金之在矿？何足贵哉？良冶锻而为器，便为人所宝。朕方自比于金，以卿为良匠。虽有疾，未为衰老，岂得便尔耶？"征乃止。后复固辞，听解侍中，授以特进，仍知门下省事。

注　释

①散官：有官名而无固定职事之官。与职事官相对而言。《隋书·百官志下》："居曹有职务者为执事官，无职务者为散官。"

②枢要：指中央政权中机要的部门或官职。

译 文

贞观七年（633年），魏征取代王珪担任侍中，加封到郑国公。不多久因病请求辞去所任的官职，只做个闲职散官。太宗说："我把你从仇敌中提拔起来，委任你中央枢要之职，你每次见到我有不对的地方，从来没有不加以劝谏的。你难道没有见过矿石中未曾提炼的金子吗？它有什么可宝贵的呢？如果遇上高明的冶炼工匠把它锻炼成器物，就会被人们当作宝贝。我就好比是矿石中的金子，你就是从矿石中把金子提炼出来并锻造成器的高明工匠。你虽然有病，但还不算衰老，怎么就想到要辞职了呢？"魏征听了只好作罢。后来魏征又坚决要求辞职，太宗终于同意了他的请求，免去他侍中的职务，只挂个特进的散官头衔，仍然主持门下省事务。

原 文

十二年，太宗以诞皇孙，诏宴公卿。帝极欢，谓侍臣曰："贞观以前，从我平定天下，周旋艰险，玄龄之功无所与让。贞观之后，尽心于我，献纳忠说，安国利人，成我今日功业，为天下所称者，惟魏征而已。古之名臣，何以加也？"于是亲解佩刀以赐二人。庶人承乾在春宫①，不修德业，魏王泰宠爱日隆②，内外庶寮③，咸有疑议。太宗闻而恶之，谓侍臣曰："当今朝臣，忠謇无如魏征④，我遣傅皇太子，用绝天下之望。"

注 释

①承乾：即李承乾，字高明，太宗长子。母亲是李世民的正室夫人长孙皇后。武德二年（619年）生于承乾殿，故取名"李承乾"。八岁被立为太子，半辈子娇宠。武德三年（620年）封恒山王，七年（624年）徙封中山。太宗即位，为皇太子。贞观十七年（643年）四月因谋逆被贬为庶人，囚禁于右领军；同年九月初流放到黔州（今四川彭水）。两年后在黔州病死。

②魏王泰（618～652年）：字惠褒，太宗第四子。少善属文。武德三年（620年）封宜都王，贞观二年（628年）改封越王，徙封魏王。太宗以泰好士爱文学，特令就府别置文学馆，任自引召学士。贞观二十一年（647年）进封濮王。唐太宗最初立长子李承乾为太子，后来又爱重第四子魏王李泰，李承乾由此产生了夺嗣之惧，企图发动政变刺杀李泰，没有成功，被废为庶人。唐太宗为防止身后发生兄弟仇杀的悲剧，贬魏王李泰，改立第九子晋王李治为太子，即以后的唐高宗。太宗晚年著《帝范》一书以教诫太子，其中总结了他一生的政治经验，也对自己的功过进行了评述。

③庶寮：亦作"庶僚"，即指百官。

④忠謇：忠诚正直。这里指忠诚正直的人。

译文

贞观十二年（638年），太宗因为皇孙诞生，下诏宴请公卿大臣。太宗非常高兴，对群臣说："贞观以前，跟随我平定天下、历尽了艰险困苦的人中，房玄龄的功劳最大，没有人能比得上的。贞观以后，对我竭尽心力，进献忠直之言，安国利民，使我能成就今日的功业，被天下人所称道的人，就只有魏征一人。即使是古代的名臣，又怎么能超过他们呢？"于是，太宗亲手解下身上的佩刀，赐给二人。后来被废为庶人的皇太子李承乾在东宫不修养德行，魏王李泰日益受太宗宠爱，朝廷内外百官议论纷纷。太宗听说后非常厌恶，对身边的大臣们说："当今的朝臣百官，论忠诚正直没有比得上魏征的，我派他做皇太子的师傅，用来断绝天下人的想法。"

原文

十七年，遂授太子太师①，知门下事如故。征自陈有疾。太宗谓曰："太子宗社之本，须有师傅，故选中正，以为辅弼。知公疹病，可卧护之。"征乃就职。寻遇疾。征宅内先无正堂，太宗时欲营小殿，乃辍其材为造，五日而就。遣中使赐以布被素褥，遂其所尚。后数日，薨。太宗亲临恸哭，赠司空，谥曰文贞。太宗亲为制碑文，复自书于石。特赐其家食实封九百户②。

注　释

①太子太师：是东宫三师（太子太师、太子太傅、太子太保）之一。辅导皇太子的官员，一般以位高望重的大臣兼任，亦有专任者。从一品官。

②食实封：谓受封爵并可实际享用其封户租赋。《资治通鉴·唐中宗景龙三年》："于时食实封者凡一百四十馀家。"胡三省注："唐制：食实封者，得真户，户皆三丁以上，一分入国。开元定制，以三丁为限，租赋全入封家。"

译　文

贞观十七年（643年），任命魏征做太子太师，仍然兼管门下省的政事。魏征提出自己有病在身，难以胜任。太宗对他说："太子是宗庙社稷的根本，必须有好的师傅教导，因此要选择公正无私的人辅佐他。我知道你身体有病，你可以躺在床上来教导太子。"于是魏征接受了太子太师的职务。不久魏征得了重病。他原来住的宅院内没有正堂，太宗当时本想给自己建造一座小殿，因此就停下工来，把材料给魏征造了正堂，五天就竣工了。又派官中使节赐给魏征布被和素色的褥子，以顺从他的喜好。几天以后，魏征病逝。太宗亲自到他的灵柩前痛哭，追赠他为司空，赐谥号曰"文贞"。太宗亲自给他撰写碑文，并亲笔书写在石碑上。还特别赐给魏征家属食实封九百户。

原　文

太宗后尝谓侍臣曰："夫以铜为镜，可以正衣冠；以古为镜，可以知兴替；以人为镜，可以明得失。朕常保此三镜，以防己过。今魏征殂逝[1]，遂亡一镜矣！"因泣下久之。乃诏曰："昔惟魏征，每显予过。自其逝也，虽过莫彰[2]。朕岂独有非于往时，而皆是于兹日？故亦庶僚苟顺，难触龙鳞者钦！所以虚己外求，披迷内省。言而不用，朕所甘心。用而不言，谁之责也？自斯已后，各悉乃诚。若有是非，直言无隐。"

注释

①殂逝：逝世。

②彰：明显，显著。

译文

太宗后来常对身边的大臣们说："用铜来做镜子，可以端正衣冠；用历史来做镜子，可以知道朝代的兴衰更替；用人来做镜子，可以明白自己的得失。我经常注意保持这三面镜子，用来防止自己的过失。如今魏征去世，我损失掉了一面镜子啊！"因此伤心得哭了很久。于是太宗下诏说："过去只有魏征能经常指出我的过失。自从他去世后，我虽有过失，却没有人公开指出了。难道我只在过去有错误，而今天做事都是正确的吗？显然是臣子们对我苟且顺从，不敢来触犯龙鳞吧！因此我虚心征求他人意见，用以排除假象，反省自身。即便是所提意见我没有采纳，我愿承担责任。如果我准备接纳规谏而你们却不进言，这个责任谁来承担呢？从今以后，大家都要竭尽忠诚。如果有不同的意见，请你们直言劝谏，不要隐瞒。"

求谏篇

　　太宗威容严肃，百僚进见者，皆失其举措。太宗知其若此，每见人奏事，必假颜色，冀闻谏诤^①，知政教得失。贞观初，尝谓公卿曰："人欲自照，必须明镜；主欲知过，必藉忠臣。主若自贤，臣不匡正，欲不危败，岂可得乎？故君失其国，臣亦不能独全其家。至于隋炀帝暴虐，臣下钳口^②，卒令不闻其过，遂至灭亡，虞世基等寻亦诛死。前事不远，公等每看事有不利于人，必须极言规谏。"

　　①冀：希望。

　　②钳口：闭口。此指以威胁、恐吓等方式限制他人言论。

　　太宗平时仪表庄重，面容严肃，前来晋见的百官，往往紧张得不知所措。太宗了解到这种情况后，每当看到有人前来奏事，总是和颜悦色，希望能够听到谏诤，从而了解到朝政的得失。贞观初年，太宗曾经对公卿大臣们说："人要想看清自己的面貌，必须依靠明镜；国君要想知道自己的过失，就必须依靠忠臣。假如君主自以为圣明，臣下又不去纠正国君的过失，要想国家没有覆亡的危险怎么可能办得到呢？所以说君主丧失了他的国家，他的臣下也不可能独自保全自己的小家。至于像隋炀帝那样的残暴淫虐，臣下都把嘴闭起来不敢讲话，最终使他因为听不到自己的过失而导致灭亡，连虞世基等人不久也被诛杀。前事不远，诸位以后每当看到事情有不利于百姓的，必须直言规劝谏诤。"

原　文

贞观元年，太宗谓侍臣曰："正主任邪臣，不能致理；正臣事邪主，亦不能致理。惟君臣相遇，有同鱼水，则海内可安。朕虽不明，幸诸公数相匡救，冀凭直言鲠议①，致天下于太平。"谏议大夫王珪对曰："臣闻木从绳则正，后从谏则圣②。故古者圣主必有争臣七人③，言而不用，则相继以死。陛下开圣虑，纳刍荛④，愚臣处不讳之朝，实愿罄其狂瞽⑤。"太宗称善。

注　释

①鲠议：刚直的议论。

②"臣闻"两句：这是贤臣傅说告诫殷商高宗的话，以木工需"从绳而正"的道理，说明帝王对于谏诤不可不受。语出《伪古文尚书·说命》。

③争臣：直言谏诤的大臣。"争臣七人"句语出《孝经·谏诤》。争，通"诤"，规谏。

④刍荛：割草打柴的人。此指普通百姓。

⑤罄：用尽，消耗殆尽。狂瞽：愚妄无知。多用作自谦之辞。

译　文

贞观元年（627年），太宗对身边的大臣们说："正直的君主任用了奸臣，就不可能治理好国家；忠直的臣子侍奉了昏庸的君主，也不可能治理好国家。只有正直的君主和忠直的大臣在一起，如鱼得水，那么天下就可以平安无事了。我虽然称不上贤明，幸亏有你们多次匡正补救过失，希望凭借你们的直言鲠议，使天下达到太平。"谏议大夫王珪回答道："臣听说加工木材有了准绳的标线才能锯得正直，君主能够听从臣子的规谏就会变得圣明。所以古代圣明的君主，都设有诤臣七人，如果谏言不被采纳，就会相继以死谏诤。如今陛下广开思路，采纳臣民的建议，我处在这个无须忌讳的开明圣朝，真心愿意把愚昧之见都讲出来。"太宗听后很赞赏王珪的话。

原　文

太宗曰："人君必须忠良辅弼，乃得身安国宁。炀帝岂不以下无忠臣，身不闻过，恶积祸盈，灭亡斯及。若人主所行不当，臣下又无匡谏，苟在阿顺①，事皆称美，则君为暗主，臣为谀臣，君暗臣谀，危亡不远。朕今志在君臣上下，各尽至公，共相切磋，以成理道。公等各宜务尽忠说，匡救朕恶，终不以直言忤意，辄相责怒。"

注　释

①阿顺：阿谀顺从。

译　文

太宗说："作为君主必须有忠良的大臣辅佐，才能得以身安国宁。隋炀帝难道不是因为手下没有忠臣，他又听不进别人劝谏，以致小祸累积酿成大祸，灭亡也就来临了。如果君主的所作所为不当，臣下又不能规劝纠正，一味阿谀顺从，事事称颂赞扬，这样的君主就是昏君，这样的大臣就是谀臣，君昏臣谀，国家危亡也就不远了。我现在的愿望是君臣上下各尽公心，有事相互协商切磋，因此实现太平治世。诸位务必忠于职守，直言敢谏，纠正、补救我的过失，我绝对不会因为直言规劝就发怒责备你们。"

原 文

贞观五年，太宗谓房玄龄等曰："自古帝王多任情喜怒，喜则滥赏无功，怒则滥杀无罪。是以天下丧乱，莫不由此。朕今夙夜未尝不以此为心，恒欲公等尽情极①谏。公等亦须受人谏语，岂得以人言不同己意，便即护短不纳？若不能受谏，安能谏人？"

注 释

①极：极力，尽情。

译 文

贞观五年（631年），太宗对房玄龄等人说："自古以来帝王多是任情喜怒哀乐，高兴的时候就滥加奖赏，发怒的时候就滥杀无辜。所以天下的祸乱，没有一个不是由此而引起的。我现在日夜都把这件事放在心上，常常希望诸位对我极力劝谏。你们也要能接受别人规劝自己的话，怎么能因为别人的意见不合自己的心意，就顾忌自己的过失而不采纳别人的规劝呢？如果你自己不能接受别人的规劝，又怎么能去劝谏别人呢？"

▲ 房玄龄

原 文

贞观十五年，太宗问魏征曰："比来朝臣都不论事，何也？"征对曰："陛下虚心采纳，诚宜有言者。然古人云：'未信而谏，则以为谤己；信而不谏，则谓之尸禄①。'但人之才器，各有不同：懦弱之人，怀忠直而不能言；疏远之人，恐不信而不得言；怀禄之人②，虑不便身而不敢言。所以相与缄默，俯仰过日③。"

注释

①尸禄：指空食俸禄而不尽其职，无所事事。

②怀禄：贪恋爵禄。

③俯仰：本指低头和抬头，引申为随便应付，左右周旋。

译文

贞观十五年（641年），太宗问魏征说："近来朝臣都不议论政事，这是为什么呢？"魏征回答说："陛下一向虚心采纳臣下的意见，本来应当会有进谏的人。然而古人曾说过：'不被信任的人进谏，会被认为是毁谤自己；信任的人而不进谏，就叫做空食俸禄而不尽其职。'但是人的才能气度各有不同：胆小怕事的人，心存忠直而不能进谏；被疏远的人，怕不信任而无法进谏；贪恋禄位的人，怕不利于自身而不敢进谏。所以大家沉默不言，应付着混日子。"

纳谏篇

原　文

　　贞观二年，隋通事舍人郑仁基女[1]，年十六七，容色绝姝，当时莫及。文德皇后访求得之[2]，请备嫔御。太宗乃聘为充华[3]。诏书已出，策使未发。

　　魏征闻其已许嫁陆氏，方遽进而言曰："陛下为人父母，抚爱百姓，当忧其所忧，乐其所乐。自古有道之主，以百姓之心为心，故君处台榭，则欲民有栋宇之安；食膏粱，则欲民无饥寒之患；顾嫔御，则欲民有室家之欢。此人主之常道也。今郑氏之女，久已许人，陛下取之不疑，无所顾问，播之四海，岂为民父母之道乎？臣传闻虽或未的，然恐亏损圣德，情不敢隐。君举必书，所愿特留神虑。"

注　释

　　①通事舍人：官名。掌诏命及呈奏案章等事。

　　②文德皇后：即长孙皇后（601～636年）。长安（今陕西西安）人。出生于官宦之家。父亲长孙晟，隋时官至右骁卫将军。从小爱好诗书，通达礼仪。十三岁嫁李世民为妻。唐朝建立后，被册封为秦王妃。李世民升储登基以后，被立为皇后。

③充华：妃嫔称号。晋武帝置，为九嫔之末。

译 文

贞观二年（628年），隋朝的通事舍人郑仁基的女儿，年方十六七岁，是个容貌极为美丽的绝代佳人，当时没有谁能比得上她。文德皇后寻访到后，请求太宗留在后宫作为嫔妃。于是太宗便聘她为充华。诏书已经发出，但册封的使者尚未动身。

魏征听说这名女子早已许配给陆家，就急忙进谏说："陛下身为百姓的父母，爱抚百姓，就应该忧百姓所忧的事，乐百姓所乐的事。自古以来有道的君主，都是以百姓的心愿为自己的心愿的。所以君主身居楼台馆阁，就要让百姓也有房屋可以安身；君主进食膏粱鱼肉，就要让百姓不受饥饿的威胁；君主看到妃嫔宫女，就要想到百姓也有婚配成家的欢乐。这才是做君主的正常道理。如今郑家的女儿早已许配别人，陛下聘娶她时，竟不加考虑，也不曾询问。这件事如果传遍天下，哪里是君主为民父母的作为？虽然我听到的只是传闻，不一定确实，但唯恐损害陛下的名誉和圣德，所以不敢隐瞒。君主的一举一动都有史官记录，希望陛下要特别留心考虑。"

原 文

简点使、右仆射封德彝等①，并欲中男十八已上，简点入军。敕三四出，征执奏以为不可。

德彝重奏："今见简点使云，次男内大有壮者。"

太宗怒，乃出敕："中男已上，虽未十八，身形壮大，亦取。"征又不从，不肯署敕。

太宗召征及王珪，作色而待之，曰："中男若实小，自不点入军。若实大，亦可简取。于君何嫌？过作如此固执，朕不解公意！"

24

征正色曰："臣闻竭泽取鱼，非不得鱼，明年无鱼；焚林而畋，非不获兽，明年无兽。若次男已上尽点入军，租赋杂徭，将何取给？且比年国家卫士，不堪攻战，岂为其少，但为礼遇失所，遂使人无斗心。若多点取人，还充杂使，其数虽众，终是无用。若精简壮健，遇之以礼，人百其勇，何必在多？陛下每云，我之为君，以诚信待物，欲使官人百姓，并无矫伪之心。自登极已来，大事三数件，皆是不信，复何以取信于人？"

注 释

①简点使：唐代临时负责选拔士卒的官名。唐初，征十八岁以上中男入伍，置诸道简点使。简点，选定。

译 文

简点使、右仆射封德彝等人，都主张把年满十八岁以上未成壮丁的中男也征召入伍。为此事下了三四次敕文，魏征上奏认为不可以实行。

封德彝重新上奏说："今天看到从事简点军士的官员说，在次男中也有很多身强体壮的人。"

太宗大怒，于是下令："中男以上，即使未满十八岁，只要身体强大的，亦可征召入伍。"魏征又表示不同意，不肯签署敕令。

太宗将魏征、王珪都召来，对他们板起面孔说："中男当中如果真是瘦小的，自然不能简点入军。如果身体强壮，也可以选拔入伍。这对你们有什么妨碍？为什么要这样固执，我真不了解你们是什么用意！"

魏征严肃地回答说："臣听说，排尽池塘的水来捕鱼，不是捕不到鱼，而是明年就没有鱼可捕；焚烧树林来捕猎，不是抓不到野兽，而是明年就没有野兽可打了。如果次男以上的男丁都简点入军，那么租赋杂役将靠谁来供给？而且近年来的士卒不能胜任攻城作战的要求，哪里是因为人数少，只是因为没有得到应有的礼遇，这就使他们失去了斗志。如果再多地征召士卒，让他们去充当杂役，士兵人数虽然增多了，但终究也没有什么用。如果精心选拔身体健壮的成年男子，给他们应有的礼遇，人人都会勇气百倍，何必要那么多兵士？陛下常说：我做国君，以诚信待人，要使官吏、百姓都没有矫饰虚伪之心。但是自从陛下即位以来，有几件大事都是不守信用的，这又怎么能取信于人呢？"

原 文

贞观七年，蜀王妃父杨誉在省竞婢①，都官郎中薛仁方留身勘问②，未及与夺。其子为千牛③，于殿庭陈诉，云："五品以上非反逆不合留身，以是国亲，故生节目④，不肯决断，淹历岁年。"

太宗闻之，大怒曰："知是我亲戚，故作如此艰难。"即令杖仁方一百，解所任官。

魏征进曰："城狐社鼠皆微物⑤，为其有所凭恃，故除之犹不易，况世家贵戚，旧号难理，汉、晋以来，不能禁御；武德之中⑥，已多骄纵；陛下登极，方始萧然。仁方既是职司⑦，能为国家守法，岂可枉加刑罚，以成外戚之私乎！此源一开，万端争起，后必悔之，将无所及。自古能禁断此事，惟陛下一人。备豫不虞⑧，为国常道。岂可以水未横流，便欲自毁堤防？臣窃思度，未见其可。"

太宗曰："诚如公言，向者不思⑨。然仁方辄禁不言，颇是专擅，虽不合重罪，宜少加惩肃。"乃令杖二十而赦之。

注 释

①蜀王：即李愔（？～667年），唐太宗第六子，吴王李恪同母弟，贞观五年（631年），封梁王，十年（636年），改封蜀王、益州都督。

②都官郎中：掌配没徒隶、簿录俘囚、公私良贱诉竞雪冤。留身：拘留人身。

③千牛：即"千牛备身"的简称，禁卫武官。唐设置左右千牛卫，为禁军之一。

④节目：本指树木枝干相接的地方或纹理纠结不顺的地方。这里比喻为枝节。

⑤城狐社鼠：本指城墙上的狐狸、社庙里的老鼠。这里比喻依仗权势作恶、一时难以驱除的小人。

⑥武德：唐高祖的年号（618～626年），也是唐朝的第一个年号。

⑦职司：职务，职责。

⑧备豫不虞：防备意外。

⑨向者：以往，从前。

译 文

贞观七年（633年），蜀王李愔妃子的父亲杨誉在皇宫禁地追逐婢女，都官郎中薛仁方将他拘留并审问，还没来得及进行处理。杨誉的儿子是千牛卫武官，在殿廷上诉述说："五品以上的官员，不是犯反叛罪的不应拘留，因为我父亲是皇亲国戚，薛仁方就故意节外生枝，不肯决断，拖延时日。"

太宗听了很生气地说："明知是我的亲戚，还故意做如此的刁难！"当即下令打薛仁方一百杖，并免去他所担任的官职。

魏征进谏说："城墙下的狐狸和神社中的老鼠，都是些微不足道的小动物，因为它们有所依仗，要除掉它们还真不容易，何况世家贵戚历来就号称难以管理。汉、晋以来就不能控制禁止；武德年间很多皇亲国戚骄横放纵；陛下登基后他们才开始有所收敛。薛仁方既然担当主管官员，能为国家执法，怎能对他随便施加刑罚，以达到外戚挟私报复的目的呢？如果这个先例一开，以后各种事端都会接踵而来，到时后悔也来不及了。自古以来能禁止外戚骄纵的只有陛下一人。防备意外，是治国的常识。怎么能在河水尚未泛滥的时候，就想自己毁掉堤防呢？我私下认为，这种做法是不对的。"

太宗说："确实如你所说，先前我没有仔细考虑。但是薛仁方妄自拘留人而不申报，也很是专权，虽算不上是重罪，也应稍加惩罚。"于是下令打了薛仁方二十杖，免予解职处分。

原　文

贞观八年，左仆射房玄龄、右仆射高士廉于路逢少府监窦德素[①]，问北门近来更有何营造。德素以闻，太宗乃谓玄龄曰："君但知南衙事[②]，我北门少有营造，何预君事？"玄龄等拜谢。

魏征进曰："臣不解陛下责，亦不解玄龄、士廉拜谢。玄龄既任大臣，即陛下股肱耳目，有所营造，何容不知？责其访问官司，臣所不解。且所为有利害，役功有多少，陛下所为若是，当助陛下成之，所为不是，虽营造，当奏陛下罢之。此乃君使臣、臣事君之道。玄龄等问既无罪，而陛下责之，臣所不解；玄龄等不识所守，但知拜谢，臣亦不解。"

太宗深愧之。

注　释

①高士廉（576～647年）：名俭，以字显。李世民长孙皇后、长孙无忌的亲舅舅。高士廉对李世民极为器重，以致主动将长孙后许配给李世民。因得罪杨广，被发配岭南。随后中原大乱，被隔绝在外，直到李靖灭萧铣南巡时才得以回归。其人善行政、文学，为李世民心腹，参与"玄武门之变"的策划。贞观年间，任侍中、安州都督、益州大都督府长史、吏部尚书、尚书右仆射、同中书门下三品，封申国公。少府监：官名，是少府监的长官。少府，为专管宫廷修建工程的官署名。

②南衙：宰相官署。唐代皇宫在长安城北面，中央的省、台、寺、监各官署都设在宫城之南，故称南衙或南司。

贞观八年（634年），左仆射房玄龄、右仆射高士廉在路上遇到了少府监窦德素，问他皇宫北门近来又再营建些什么工程。窦德素将这件事报告给太宗，于是，太宗对房玄龄说："你只要管好南衙的事务就行了，我北门宫内稍有营建，跟你有什么关系？"房玄龄等人跪下谢罪。

魏征进谏说："臣不明白陛下为什么要指责房玄龄、高士廉，也不明白房玄龄、高士廉为什么要谢罪。房玄龄既然是朝廷大臣，也就是陛下的股肱和耳目，宫内有所营建，他们怎么可以不知道呢？陛下指责他询问主管部门，臣不理解。况且所营建的房屋是有利还是有害，所使用的人工是多还是少，如果陛下决策得对，就应当协助陛下来完成；如果陛下决策得不对，即使已开始营造，也应当奏请陛下停工。这才是'君任用臣、臣侍奉君'的正道。房玄龄等询问此事既然没有过错，而陛下却加以责备，这是臣所不明白的；房玄龄等人不清楚自己的职守，只知道下拜谢罪，这也是臣所不理解的。"

太宗听后很是惭愧。

贞观十一年，所司奏凌敬乞贷之状①。太宗责侍中魏征等滥进人。

征曰："臣等每蒙顾问，常具言其长短②。有学识，强谏净，是其所长；爱生活，好经营，是其所短。今凌敬为人作碑文，教人读《汉书》③，因兹附托，回易求利，与臣等所说不同。陛下未用其长，惟见其短，以为臣等欺罔，实不敢心服。"

太宗纳之。

注 释

①凌敬：初为窦建德的谋臣，失败后降唐。

②长短：这里指长处和短处。

③《汉书》：又称《前汉书》，我国第一部纪传体断代史，东汉班固撰。它的体例沿袭《史记》，但又有所创新，成为后世纪传体史书的范本。它的史料价值和文学价值也很高。主要记述汉高祖元年（公元前206年）至王莽地皇四年（23年）共二百三十年的史事，是继《史记》之后我国古代又一部重要史书。

译 文

贞观十一年（637年），有关部门奏上凌敬向人借贷的文书。于是太宗责怪侍中魏征等人当初滥荐人才。

魏征回答说："臣等每次承蒙陛下垂询，总是尽可能地将所举荐人的长处、短处都讲出来。凌敬这个人有学问识大体，敢于谏诤，这是他的长处；喜好生活享受，喜欢经营财物，这是他的短处。现在凌敬为别人撰写碑文，教人读《汉书》，由此拉上关系，交换牟利，这和臣等所介绍他的情况不正相同吗？陛下没有用他的长处，只看到他的短处，就认为臣等欺君瞒上，这实在不能使臣心服。"

太宗接受了这个意见。

择官篇

原　文

贞观元年，太宗谓房玄龄等曰："致治之本，惟在于审。量才授职，务省官员。故《书》称：'任官惟贤才。'又云：'官不必备，惟其人。'若得其善者，虽少亦足矣；其不善者，纵多亦奚为？古人亦以官不得其才，比于画地作饼，不可食也。《诗》曰：'谋夫孔多①，是用不就。'又孔子曰：'官事不摄②，焉得俭？'"

注　释

①孔多：很多。

②摄：代理。

译　文

贞观元年（627年），太宗对房玄龄等大臣说："治国的根本，关键在于审察官吏。根据才能授予适当的官职，务必精简官员。所以《尚书》中说：'任用官员惟选贤才。'又说：'官员不一定要齐备，只要任人得当。'如果得到不好的官员，人数虽少也足够用了；如果得到不好的官员，人数再多又有什么用呢？古人也把没有选到适当的人才，比作在地上画饼，那是不能吃的。《诗经》中说：'谋划者中庸人多，所以事情办不成。'而且孔子也说：'做官的人一身不能兼二职，怎能谈得上节俭？'"

原文

贞观三年，太宗谓吏部尚书杜如晦曰："比见吏部择人，惟取其言词刀笔，不悉其景行①。数年之后，恶迹始彰，虽加刑戮，而百姓已受其弊。如何可获善人？"

如晦对曰："两汉取人，皆行著乡闾②，州郡贡之，然后入用，故当时号为多士。今每年选集，向数千人，厚貌饰词③，不可知悉，选司但配其阶品而已④。铨简之理⑤，实所未精，所以不能得才。"

▲ 杜如晦

注释

①景行：崇高的德行。

②乡闾：古以二十五家为闾，一万二千五百家为乡，因以"乡闾"泛指民众聚居之处。

③厚貌饰词：伪装忠厚。

④选司：旧时主管铨选官吏的机构。阶品：官吏的等级品位。

⑤铨简：考量选拔。

译文

贞观三年（629年），太宗对吏部尚书杜如晦说："近来见吏部选拔官员，只按他的口才文笔来录取，而不全面考察其德行。数年之后，有些人的劣迹才开始暴露，虽然对他们加以刑杀，但百姓已深受其害。如何才能挑选出好的人才呢？"

杜如晦回答说:"两汉时选拔的人才,都是德行称著于乡间和间里的人,由州郡将他们举荐给朝廷,然后才录用,所以当时号称人才济济。现在每年选拔官员,候选者云集多达数千人,这些人伪装忠厚,掩饰其词,不可能完全地了解他们,主管铨选官吏的机构只能做到授予他们一定的等级品位而已。考量选拔的方法实在不够精密,所以得不到真正的人才。"

原 文

贞观六年,太宗谓魏征曰:"古人云,王者须为官择人,不可造次即用[①]。朕今行一事,则为天下所观;出一言,则为天下所听。用得正人,为善者皆劝;误用恶人,不善者竞进。赏当其劳,无功者自退;罚当其罪,为恶者戒惧。故知赏罚不可轻行,用人弥须慎择。"

征对曰:"知人之事,自古为难,故考绩黜陟[②],察其善恶。今欲求人,必须审访其行。若知其善,然后用之。设令此人不能济事,只是才力不及,不为大害。误用恶人,假令强干,为患极多。但乱代惟求其才,不顾其行。太平之时,必须才行俱兼,始可任用。"

注 释

①造次:仓促,匆忙。

②考绩黜陟:考核官吏,按其政绩好坏以定升降。黜陟,指人才的进退,官吏的升降。

译 文

贞观六年(632年),太宗对魏征说:"古人说,君主必须根据官职来选择合适的人才,决不可匆忙任用。我现在每做一件事,就被天下人看得到;每说一句话,就被天下人听得到。任用了正直的人,干好事的人就会得到劝勉;任用了坏人,不干好事的人就会竞相钻营。奖赏要与功绩相当，没有功绩的人就会自动退避；惩罚要与罪过相称，作恶的人就会有所戒惧。由此可知赏罚不可随便使用，用人更加应该慎重选择。"

魏征回答说："真正了解一个人的事，自古以来就是很难的，所以用考察政绩的办法来决定官职的升降，来观察人的善恶。现在要访求人才，必须慎重地考察他的品行。如果了解到他品行好，然后才可任用。即使他办的事并不成功，那也只是因为他的才干和能力达不到，不会造成大的危害。如果误用了品质恶劣的人，即使他精明强干，危害也就极大。但在天下混乱时，往往只要求他的才能，顾不上他的品行。天下太平时，必须是德才兼备的人方才可以任用。"

原文

贞观十一年，侍御史马周上疏曰："理天下者，以人为本。欲令百姓安乐，惟在刺史、县令。县令既众，不能皆贤，若每州得良刺史，则合境苏息①。天下刺史悉称圣意，则陛下可端拱岩廊之上②，百姓不虑不安。自古郡守、县令皆妙选贤德，欲有迁擢为将相，必先试以临人③，或从二千石入为丞相及司徒、太尉者④。朝廷必不可独重内官，外刺史、县令，遂轻其选。所以百姓未安，殆由于此。"

注释

①苏息：休养生息。

②岩廊：高峻的廊庑。借指朝廷。

③临人：治民。这里指地方官员。

④二千石：汉制。郡守俸禄为二千石，即月俸百二十斛，世因称郡守为"二千石"。丞相：官名。中国古代皇帝的股肱。典领百官，辅佐皇帝治理国政，无所不统。丞相制度起源于战国。唐、宋以后尚书省或中书省

有时设左、右丞相，相当于原来的尚书左右仆射，位居尚书令或中书令之次，握有实权。司徒：上古官名。相传尧、舜时已经设置，主管教化民众和行政事务。夏、商、周时期，朝廷都设有司徒官，为"六卿"之一，称为地官大司徒，职位相当于宰相。春秋时列国也多设有这个职位。太尉：官名。秦代始设，为全国军政首脑。汉武帝时改称大司马。历代多沿置，但渐成加官，无实权。后成为对武官的尊称。

译　文

贞观十一年（637 年），侍御史马周上书说："治理天下的人必须以人为本。要想让百姓安居乐业，关键在于选用好刺史和县令。县令的人数太多，不可能都贤能，如果每州能选得一个贤能的刺史，那么整个州郡内的百姓就都能得到休养生息。全国的刺史如果都能使陛下称心如意，那么陛下就可以拱手端坐在朝廷之上，不用担心百姓不能安居乐业。自古以来，郡守和县令都要精心选拔那些有贤德的人来担任，打算提升做大将或宰相的人，必定先让他们试做地方官，或者就从郡守中选拔入朝担任丞相及司徒、太尉。朝廷不能只重视内臣的选拔，而把刺史和县令置之度外，就轻易决定刺史和县令的人选。百姓之所以不能够安居乐业，原因大概就在这里。"

原　文

贞观十一年，治书侍御史刘洎以为左右丞宜特加精简，上疏曰："臣闻尚书万机，实为政本，伏寻此选，授受诚难。是以八座比于文昌[①]，二丞方于管辖[②]，爰至曹郎[③]，上应列宿[④]，苟非称职，窃位兴讥。伏见比来尚书省诏敕稽停，文案壅滞。臣诚庸劣，请述其源。贞观之初，未有令、仆，于时省务繁杂，倍多于今。而左丞戴胄，右丞魏征，并晓达吏方，质性平直，事应弹举，无所回避。陛下又假以恩慈，自然肃物。百司匪懈，抑此之由。及杜正伦续任右丞⑤，颇亦历下。

"比者纲维不举⑥，并为勋亲在位，器非其任，功势相倾。凡在官寮，未循公道，虽欲自强，先惧嚣谤。所以郎中予夺，惟事谘禀；尚书依违，不能断决。或惮闻奏，故事稽延，案虽理穷，仍更盘下。去无程限，来不责迟，一经出手，便涉年载。或希旨失情，或避嫌抑理。勾司以案成为事了，不究是非；尚书用便僻为奉公⑦，莫论当否。互相姑息，惟事弥缝。且选众授能，非才莫举，天工人代⑧，焉可妄加？至于懿戚元勋⑨，但宜优其礼秩，或年高耄及，或积病智昏，既无益于时宜，当置之以闲逸。久妨贤路，殊为不可。将救兹弊，且宜精简。尚书左右丞及左右郎中，如并得人，自然纲维备举，亦当矫正趋竞，岂惟息其稽滞哉！"

注　释

①八座：亦作"八坐"，封建时代中央政府的八种高级官员。历朝制度不一，所指不同。隋唐以六尚书、左右仆射及令为"八座"。文昌：即"文昌帝君"，亦称梓潼帝君。道教神名。唐宋时封王，元时封为帝君，掌人间功名、禄位事。

②二丞：指尚书左丞、右丞。管：钥匙。辖：插在轴端孔内的车键，使车轮不会脱落。

③曹郎：即部曹，部属各司的官吏。

④列宿：众星宿。

⑤杜正伦（？～659年）：相州洹县（今河北临漳西南）人。隋仁寿中，与兄正玄、正藏均以秀才擢第。善文章，通佛经。任羽骑尉。入唐，直秦王府文学馆。贞观初，以魏征荐，擢授兵部员外郎。累迁至中书侍郎。

⑥纲维：总纲和四维。比喻法度。

⑦便僻：谄媚逢迎。

⑧天工人代：谓天的职司由人代替执行。

⑨戚戚：指皇亲国戚。

贞观十一年（637年），治书侍御史刘洎认为尚书省左、右丞应该特别精心选任。他向太宗上书说："臣听说尚书省日理万机，确实是政府最重要的部门，寻求适当的人来主持这个部门确实很难。所以人们把尚书省的八座比作天上的文昌宫内的众星，左、右二丞比作是锁管和插在轴端孔内的车键，各部的曹官，也都与上天的星宿对应，如果不称职，就会招来窃居要职的讥评。我看到近来尚书省内诏书敕令稽留停滞执行缓慢，文件堆积案头。我虽庸劣无能，也请让我讲一讲这种现象的原因。贞观初年，尚书省内没有设置尚书令及左、右仆射的职务，当时省内公务繁杂，事情比现在多一倍。而当时的尚书左丞戴胄、右丞魏征，都深知管理官吏和处理政事的方法，品性又公平正直，凡遇到应该弹劾举报的事情，他们从不回避。陛下对他们又格外地信任和爱护，自然能整肃纲纪。各个部门之所以不敢懈怠，就是任人得当的缘故。到杜正伦继任右丞的时候，他也能够对下面严格要求。

"近来之所以纲纪不整，都是由于功勋国戚占据了位置，他们的才能不能胜任职务，只是凭借功勋权势相互倾轧。其他在职的官员，也不能秉公办事，他们虽然也想自强振作，但是首先想到的是害怕受到流言蜚语的诽谤。所以郎中裁决事情时，只是报请上级处理；各部尚书也模棱两可，不能决断。有的人害怕向皇上奏明，也故意拖延，有些案件虽已弄得很清楚，仍然盘问下属。公文发出没有期限，回复迟了也不责备，事情一经交办，就拖上成年累月。有的只为迎合上边的旨意而不惜违背实际情况，有的为避免嫌疑而不管是否在理。办案部门只求结案了事，而不追究是非；尚书把谄媚逢迎作为办事的标准，也不管他对错。他们上下互相姑息，有了问题便极力掩盖弥合。选拔人才应该从众人中选拔有才能的授予，没有才能的就不应举荐，官吏是代替上天做事，怎能胡乱授予？至于国戚皇亲和国家元勋，只能给他们优厚的礼遇，有的人年高老耄，有的人久病智衰，既然已不能再为当今作出贡献，就应当让他们休闲养逸安度晚年。如果还让他们长期在位阻碍进用贤能的仕途，这是极不恰当的。为纠正这类弊端，应先精心挑选官员。尚书左、右丞和左、右郎中的人选，如果这些职位都用上称职的人，自然就能纲举目张，也能够纠正那些歪门邪道、投机钻营的歪风，这岂止是解决办事拖拉的问题啊！"

原 文

贞观十四年，特进魏征上疏曰：

"臣闻知臣莫若君，知子莫若父。父不能知其子，则无以睦一家；君不能知其臣，则无以齐万国。万国咸宁，一人有庆，必藉忠良作弼①。俊乂在官，则庶绩其凝②，无为而化矣。……然今之群臣，罕能贞白卓异者，盖求之不切，励之未精故也。若勖之以公忠，期之以远大，各有职分，得行其道。贵则观其所举，富则观其所与，居则观其所好，习则观其所言③，穷则观其所不受，贱则观其所不为。因其材以取之，审其能以任之，用其所长，掩其所短。进之以六正，戒之以六邪④，则不严而自励，不劝而自勉矣。

注 释

①弼：辅弼，辅助，帮助。

②庶绩：各种事业。凝：聚集。此句意谓各种事业才能成功。

③习：近习（亲信、亲近）的意思。指君主宠爱亲信的人。

④六正、六邪：西汉光禄大夫刘向著有《说苑》一书，其中谈到为官之道时，把官员分为"六正""六邪"十二类。"六正"为"圣臣""良臣""忠臣""智臣""贞臣""直臣"；"六邪"为"具臣""谀臣""奸臣""谗臣""贼臣""亡国之臣"。

译 文

贞观十四年（640年），特进魏征上疏说：

"臣听说，知臣莫若君，知子莫若父。父亲如果不了解儿子，就无法使一家和睦；君主如果不了解臣子，就不能使天下一统。天下安宁，君主坐在朝廷上受万民朝拜，必须要依靠忠臣良将的辅佐。有贤能的人在朝做官，各种事业才能成功，君主不必操劳天下就可无为而治。……然而现在的群臣当中，很少有正直清白、才能卓越的人，大概是对他们要求得不严、磨砺得不够的缘故吧。如果用公正无私、忠心报国来勉励他们，用树立远大理想来要求他们，使他们各有职责，就能各自施展其才能并实行他们的主张。显贵时要观察他们所举荐的人，富裕时要观察他们所蓄养的门客，闲居时要观察他们喜好什么，亲近时要观察他们所说的话，穷困时要观察他们不屑接受的东西，贫贱时要观察他们不屑去做的事情。根据他们的才能选拔他们，考察他们的能力任用他们，发挥他们的长处，回避他们的短处。用'六正'来引导他们上进，用'六邪'来使他们警戒，这样，即使不严格要求，他们也会刻苦自励；用不着规劝，他们也能努力自勉。

原 文

"故《说苑》曰①：人臣之行，有六正、六邪。行六正则荣，犯六邪则辱。何谓六正？一曰，萌芽未动，形兆未见，昭然独见存亡之机，得失之要，预禁乎未然之前，使主超然立乎显荣之处，如此者，圣臣也。二曰，虚心尽意，日进善道，勉主以礼义，谕主以长策，将顺其美，匡救其恶，如此者，良臣也。三曰，夙兴夜寐，进贤不懈，数称往古之行事，以励主意，如此者，忠臣也。四曰，明察成败，早防而救之，塞其间，绝其源，转祸以为福，使君终以无忧，如此者，智臣也。五曰，守文奉法，任官职事，不受赠遗，辞禄让赐，饮食节俭，如此者，贞臣也。六曰，国家昏乱，所为不谀，敢犯主之严颜，面言主之过失，如此者，直臣也。是谓六正。何谓'六邪'？一曰，安官贪禄，不务公事，与代浮沉，左右观望，如此者，具臣也。二曰，主所言皆曰善，主所为皆曰可，隐而求主之所好而进之，以快主之耳目，偷合苟容，与主为乐，不顾其后害，如此者，谀臣也。三曰，内实险诐②，外貌小谨，巧言令色，妒善嫉贤，所欲进则明其美、隐其恶，所欲退则明其过、匿其美，使主赏罚不当，号令不行，如此者，奸臣也。四曰，智足以饰非，辩足以行说，内离骨肉之亲，外构朝廷之乱，如此者，谗臣也。五曰，专权擅势，以轻为重，私门成党，以富其家，擅矫主命，以自贵显，如此者，贼臣也。六曰，谄主以佞邪，陷主于不义，朋党比周，以蔽主明，使白黑无别，是非无间，使主恶布于境内，闻于四邻，如此者，亡国之臣也。是谓六邪。贤臣处六正之道，不行六邪之术，故上安而下理。生则见乐，死则见思，此人臣之术也。《礼记》曰：'权衡诚悬，不可欺以轻重；绳墨诚陈，不可欺以曲直；规矩诚设，不可欺以方圆；君子审礼，不可诬以奸诈。'然则臣之情伪，知之不难矣。又设礼以待之，执法以御之，为善者蒙赏，为恶者受罚，安敢不企及乎？安敢不尽力乎？

注 释

①《说苑》：西汉刘向撰。原二十卷，后仅存五卷，经宋曾巩搜辑，复为二十卷。内分君道、臣术、建本、立节等二十门，分类纂辑先秦至汉代史事传说，内容多哲理深刻的格言警句，杂以议论，叙事意蕴讽喻，故事性颇强，借以阐明儒家的政治思想和伦理观念，是一都富有文学意味的

重要文献。

②险诐：亦作"险陂"，阴险邪僻。

　　"所以《说苑》里讲：臣子的行为有六正、六邪两类。按照六正去做，就会光荣；犯了六邪的毛病，就会可耻。什么是六正呢？第一是，当事情的端倪还没有萌生，各种征兆还不显著的时候，就能独特敏锐地看到存亡的关键、得失的要害，防患于未发生之前，使君主超然立于显赫荣耀的地位，这样的臣子就是圣臣。第二是，能够虚心尽意，不断地提出好的建议，勉励君主施行礼义，告知君主好的良策，积极推行君主好的政策，匡正君主的错误，这样的臣子就是良臣。第三是，能起早贪黑，坚持不懈地为国家推荐贤才，反复引用历史的经验教训来激励君主，这样的臣子就是忠臣。第四是，能够明察成败，并及早地加以预防或补救，堵塞漏洞，根绝祸源，转祸为福，使君主最终解除忧患，这样的臣子就是智臣。第五是，能够奉公守法，照章办事，不受贿赂，推让官禄和赏赐，生活节俭，这样的臣子就是贞臣。第六是，在国家昏乱之时，不做阿谀逢迎的事，敢于冒犯君主而直言诤谏，当面指出君主的过失，这样的臣子就是直臣。这些就是所谓的六正。什么是六邪呢？第一是，贪图官禄，不努力办好公事，随波逐流，左右观望，这样的臣子就是具臣。第二是，凡是君主所说的都一律称好，君主所做的都表示认可，暗中打听君主的喜好并加以进奉，以此来取悦君主耳目声色之好，投其所好，引导君主游玩取乐，而不顾对国家的后害，这样的臣子就是谀臣。第三是，内心阴险邪僻，外表小心谨慎，巧言令色，嫉贤害能，凡是他想推荐的人，就只讲优点而掩盖缺点，凡是他所排挤的人，就专讲坏处而隐藏美德，致使君主赏罚不当，号令不能施行，这样的臣子就是奸臣。第四是，智谋足以掩饰自己的过失，能言善辩足以推行自己的谬说，在内离间骨肉之亲，在外造成朝廷的混乱，这样的臣子就是谗臣。第五是，专权擅势，以轻为重，结党营私，损国肥家，借用君主的名义行事，以达到自己的地位显贵，这样的臣子就是贼臣。第六是，用花言巧语谗谄君主，使君主陷于不义，结纳朋党，以此来蒙蔽君主的耳目视听，使黑白不辨，是非不分，使君主的恶名传遍全国，远扬四周邻国，这样的臣子就是亡国之臣。这就是所谓的六邪。贤良的臣子都会身处六正之道，不实行六邪之术，所以能使上安而下治。他们生前被人爱戴，死后被人怀念，这才是为人臣的正道。《礼记》中说：'有秤杆在那里悬挂着，就不可能在轻重方面受到欺骗；有绳墨在那里放着，就不可能在曲直方面受到欺骗；有圆规和矩尺在那里摆着，就不可能在方圆方面受到欺骗；君子懂得各种礼度规范，就不会被奸诈所欺骗。'这样臣子的忠奸真伪，就不难分辨了。如果再用礼仪来对待他们，用法律来约束他们，有功的受赏，作恶的受罚，这样他们哪敢不求上进？哪敢不尽心出力呢？

原 文

"国家思欲进忠良，退不肖，十有余载矣。徒闻其语，不见其人，何哉？盖言之是也，行之非也。言之是，则出乎公道；行之非，则涉乎邪径。是非相乱，好恶相攻。所爱虽有罪，不及于刑；所恶虽无辜，不免于罚。此所谓'爱之欲其生，恶之欲其死'者也。或以小恶弃大善，或以小过忘大功。此所谓'君之赏不可以无功求，君之罚不可以有罪免'者也。赏不以劝善，罚不以惩恶，而望邪正不惑，其可得乎？若赏不遗疏远，罚不阿亲贵①，以公平为规矩，以仁义为准绳，考事以正其名，循名以求其实，则邪正莫隐，善恶自分。然后取其实，不尚其华，处其厚，不居其薄，则不言而化，期月而可知矣！若徒爱美锦，而不为民择官，有至公之言，无至公之实；爱而不知其恶，憎而遂忘其善；徇私情以近邪佞，背公道而远忠良，则虽夙夜不怠，劳神苦思，将求至理，不可得也。"

注 释

①阿：迎合，偏袒。

译 文

"国家想进用忠良之臣，斥退不肖之臣，已有十多年了。但只是听到这样的说法，而没有看见这样的人，这是什么缘故呢？大概是因为说的是对的，而做的是不对的。说得对，就符合于公道；做得不对，就走上歪道邪门了。这样就会是非混乱，好恶相攻。喜爱的人虽然犯了罪，也不会受到处罚；憎恨的人尽管无辜，也免不了受到处罚。这就是所谓的'爱之欲其生，恶之欲其死'。或者是因为有小缺点就否定了他显著的成绩，或者是因为小过失就忘记他大的功劳。这就是所谓的'君之赏不可以无功求，君之罚不可以有罪免'。如果奖赏不能起到劝善，惩罚不能起到惩恶，而又希望达到正邪分明，这怎么可以得到呢？如果奖赏时能做到不遗漏疏远的人，惩罚时不偏袒亲戚权贵，以公平作为规矩，以仁义作为准绳，考核事实来辨证名分，按照名分来责求实际工作，这样就可以使邪、正都隐蔽不住，善、恶自然分明。然后就录用那些有真才实干的，不要那些浮华的；录用那些老实忠厚的，不要那些浅薄的，这样就可以达到'不言而化'的境界，一年就可以知道结果了！如果只喜欢徒有其表的人，而不去为百姓选择好的官吏，只有至公的言辞，而没有至公的事实；对所喜爱的人就看不见他的缺点，对所憎恶的人就忘记了他的优点；徇私情而去亲近那些邪佞的小人，背离公道而疏远那些贤良的忠臣，即使日夜不停地辛劳，冥思苦想，希望实现天下大治，也是不能够得到的。"

▲ 唐太宗

封建篇

原文

太宗曰："国家大事，惟赏与罚。赏当其劳，无功者自退。罚当其罪，为恶者戒惧。则知赏罚不可轻行①也。

注释

①行：施行，实行。

译文

太宗说："处理国家大事，要做好赏与罚。赏赐的要与功劳相当，无功之人就会自动退避。惩罚要与过错相当，作恶的人就会感到畏惧。由此可知，赏与罚是不可以轻易施行的。

原文

"然则得失成败，各有由焉。而著述之家，多守常辙①，莫不情忘今古，理蔽浇淳。欲以百王之季，行三代之法，天下五服之内②，尽封诸侯，王畿千里之间，俱为采地③。是则以结绳之化行虞、夏之朝④，用象刑之典治刘、曹之末⑤，纪纲弛紊，断可知焉。锼船求剑⑥，未见其可；胶柱成文⑦，

44

弥多所惑。徒知问鼎请隧⑧，有惧霸王之师；白马素车⑨，无复藩维之援。不悟望夷之衅⑩，未堪羿、浞之灾⑪；既罹高贵之殃⑫，宁异申、缯之酷⑬？此乃钦明昏乱，自革安危，固非守宰公侯，以成兴废。且数世之后，王室浸微，始自藩屏，化为仇敌。家殊俗，国异政，强陵弱，众暴寡，疆场彼此，干戈侵伐。狐骀之役，女子尽髽⑭；崤陵之师，只轮不反⑮。斯盖略举一隅，其馀不可胜数。陆士衡方规规然云⑯：'嗣王委其九鼎⑰，凶族据其天邑⑱，天下晏然，以治待乱。'何斯言之谬也！而设官分职，任贤使能，以循良之才，膺共治之寄，刺举分竹⑲，何世无人？至使地或呈祥，天不爱宝，民称父母，政比神明。曹元首方区区然称⑳：'与人共其乐者，人必忧其忧；与人同其安者，人必拯其危。'岂容以为侯伯，则同其安危；任之牧宰，则殊其忧乐？何斯言之妄也！

注 释

①常辙：常规。

②五服：古代王畿外围，以五百里为一区划，由近及远分为侯服、甸服、绥服、要服、荒服，合称五服。服，服事天子之意。

③采地：指古代卿大夫的封邑。

④结绳之化：结绳记事的古老教化。结绳记事是文字发明前，人们所使用的一种记事方法，即在一条绳子上打结，用以记事。据古书记载为："事大，大结其绳；事小，小结其绳。结之多少，随物众寡。"

⑤象刑之典：相传上古无肉刑，仅用与众不同的服饰加之犯人以示辱，谓之象刑。刘、曹：指刘汉、曹魏。

⑥锲船求剑：即刻舟求剑。《吕氏春秋·察今》里说：有个楚国人乘船渡江，不小心把佩带的剑掉进了江里。他急忙在船沿上刻上一个记号，说："这儿是我的剑掉下去的地方。"船靠岸后，这个人顺着船沿上刻的记

号下水去找剑，但找了半天也没有找到。比喻不懂事物已发展变化而仍用静止的方法去看问题。

⑦胶柱成文：意同"胶柱鼓瑟"，比喻固执拘泥，不知变通。胶柱，胶住瑟上的弦柱，以致不能调节音的高低。

⑧问鼎：传说古代夏禹铸造九鼎，代表九州，作为国家权力的象征。夏、商、周三代以九鼎为传国重器，为得天下者所据有。楚王问鼎，有取而代周之意。后遂称图谋王位为"问鼎"。请隧：隧葬，天子的葬礼。《左传·僖公二十五年》："晋侯朝王。王享醴，命之宥。请隧，弗许。"杨伯峻注："请隧者，晋文请天子允许于其死后得以天子礼葬已耳。"后亦指图谋统治天下。

⑨白马素车：驾白马，乘素车。古代凶丧舆服。《史记·秦始皇本纪》："楚将沛公破秦军入武关，遂至霸上，使人约降子婴。子婴即系颈以组，白马素车，奉天子玺符，降轵道旁。沛公遂入咸阳。"裴骃《集解》引应劭曰："素车白马，丧人之服也。"

⑩望夷之衅：望夷是秦代的宫名，故址在今陕西泾阳东南。因东北临泾水以望北夷，故名。秦末，赵高迫杀秦二世于此。衅，事端，祸乱。

⑪羿、浞之灾：夏启去世后，他的儿子太康即位；太康死后，他的儿子仲康即位；仲康死后，子相即位。这时他们都开始喜欢享受，不再体贴民众。东夷族中力量比较强盛的有穷氏首领后羿（又称夷羿）趁夏王朝内部发生王权之争，占据夏都，"因夏民以代夏政"，夺取了王位。后羿称帝后，不吸取教训，以为自己善于射箭，便不关心民众，每天以田猎为乐。不久后羿被他的亲信东夷族伯明氏成员寒浞杀害，寒浞自立为帝。

⑫罹：遭遇。高贵之殃：魏高贵乡公即是曹髦（241～260年），字彦士。文帝孙，东海王曹霖子，封为高贵乡公。曹芳被废后，司马师立他为帝。在位七年，太子舍人成济受司马昭、贾充指使将他杀死。

⑬申、缯之酷：周幽王三年，天灾频繁，周朝统治内外交困。这时，幽王改以嬖宠美人褒姒为后，其子伯服为太子，废掉正后申侯之女及太子宜白。结果，宜白逃奔申国，激怒了申侯。于是申侯联合缯侯和犬戎进攻幽王，幽王和伯服均被犬戎所杀。

⑭"狐骀"两句：狐骀之战，使邾国妇女全部用麻束发送葬。据《左传·襄公四年》记载：冬十月，邾国、莒国、讨伐鄫国，鲁军救鄫，入邾境。邾军在狐骀（今山东滕县东南）被击败，邾国去接丧的女子都系发戴孝。髽，古代妇人服丧的露髻，用麻束发。

⑮"崤陵"两句：崤陵之战，秦军全军覆没，连一只车轮子也未能返回秦国。据《左传·僖公三十二年》记载：晋文公死后，秦国和晋国在崤陵打了一仗，秦国中了晋国的埋伏，结果大败，三员大将被俘。

⑯陆士衡（261～303年）：字机，西晋吴郡（今江苏苏州）人。三国吴丞相陆逊之孙、大司马陆抗之子。吴时任牙门将。吴亡回乡读书，作《文赋》，为古代重要文学理论著作。其诗形式华美，技巧纯熟，有"陆才如海"之誉。其书法《平复帖》，为后人师法。

⑰嗣王：继位之王。这里指周惠王、周襄王、周悼王出外流亡。

⑱凶族：原指与尧舜部族敌对的四个部落，后亦泛称敌对的民族或恶人。这里指叛乱的周王室子弟颓、子带、子朝。

⑲刺举：谓检举奸恶，举荐有功。分竹：给予作为权力象征的竹使符，谓封官授权。

⑳曹元首：三国时魏人，曾作《六代论》。区区然：自以为是的样子。

译 文

　　"然而，事情的得失成败，各有其本身的原因。而写书的人大多墨守成规，分辨不出古今的情势，弄不明白古今和时代的风气虚伪与淳厚的区别。

想在百王之后，推行夏、商、周三代的制度，将天下五服之内的国土全部分封给诸侯，千里王畿之间也都分给卿大夫做采邑。这是要在虞舜、夏禹的时代实行上古结绳记事的古老教化，在汉魏时代推行尧舜时期的象刑法典，这样就会造成纪纲混乱，断然可知。刻舟求剑是行不通的；胶柱鼓瑟更是值得怀疑。大家只知道楚庄王图谋统治天下和晋文公想得到王者葬礼的野心，霸主军队的可怕，以及秦王子婴白马素车出降，却没有诸侯出来援助。未能从望夷宫秦二世被弑事件中有所领悟，夏朝后羿推翻太康后又被寒浞杀害所带来的灾难，更是不堪回首；魏朝高贵乡公遭遇的杀身之祸，难道与周幽王被申侯与缯勾结犬戎所杀那样悲惨的遭遇有所不同？这都是因为帝王自己昏乱，自己把自己由太平引向覆亡，并不是因为郡县制与分封制造成的兴废。几代之后，皇室逐渐衰微，原本作为屏障的诸侯，都变成仇敌。以至于各诸侯家庭传统不同，各诸侯国的政治不同，以强凌弱，以众侵寡，对峙疆场，干戈相见。狐骀之战，使邾国妇女全部用麻束发去送葬；崤陵之战，秦军全军覆没，连一只车轮子也未能返回秦国。这里只略举数例，其余的不可胜数。陆士衡却一本正经地说：'继位的国君虽然抛弃九鼎而出逃，凶恶的外族占据了京城，但天下安定，终究会扭转乾坤，化乱世为太平。'这话真是荒谬透顶！实行郡县制，设官分职，任用贤能，用贤良的人才，担负起共同治理国家的重任，考察进用，哪个朝代没有贤良的人才？这样就会使大地呈祥、上天降瑞，百姓就会称颂国君为人民的父母，把朝廷奉为神明。曹元首却自以为是地说：'与别人能共享欢乐的人，别人一定能为他分忧；与别人能共享安逸的人，别人一定能拯救他的危难。'怎么能说分封诸侯，就能安危共济；而任命刺史、县官，就不能与国君同享忧乐呢？这是何等荒谬啊！

 原文

"封君列国，藉庆门资[①]，忘其先业之艰难，轻其自然之崇贵，莫不世增淫虐，代益骄侈。离宫别馆，切汉凌云，或刑人力而将尽，或召诸侯而共乐。陈灵则君臣悖礼②，共侮征舒；卫宣则父子聚麀③，终诛寿、朔④。乃云为己思治，岂若是乎？内外群官，选自朝廷，擢士庶以任之，澄水镜以鉴之⑤，年劳优其阶品，考绩明其黜陟，进取事切，砥砺情深。或俸禄不入私门⑥，妻子不之官舍⑦。班条之贵，食不举火⑧；剖符之重，居惟饮水⑨。南阳太守，弊布裹身⑩；莱芜县长，凝尘生甑⑪。专云为利图物，何其爽欤！总而言之，爵非世及，用贤之路斯广；民无定主，附下之情不固。此乃愚智所辨，安可惑哉？至如灭国弑君，乱常干纪⑫，春秋二百年间，略无宁岁。次睢咸秩，遂用玉帛之君⑬；鲁道有荡⑭，每等衣裳之会。纵使西汉哀、平之际⑮，东洛桓、灵之时⑯，下吏淫暴，必不至此。为政之理，可以一言蔽焉。"

注释

①门资：犹门第。

②陈灵（？～公元前599年）：即陈灵公，春秋时陈国君。名平国。公元前613至～公元前599年在位。公元前600年，灵公与其臣子孔宁、仪行父都与大夫夏征舒的母亲夏姬私通。另一个臣子泄冶看不过去，便进言灵公，希望他能做好百姓的榜样，灵公便把泄冶杀了。他们的丑闻传遍全国，陈国百姓甚至作诗讽刺他们的丑行。有一天，灵公与孔宁、仪行父三人又去夏姬家中，灵公向两位臣子说："征舒长得很像你们啊。"两位臣子也回称："也很像国君您啊。"夏征舒听闻此话后，极为愤怒，便在灵公喝完酒离开夏家时，在门外将灵公射杀。

③卫宣：即卫宣公。卫宣公为人淫纵不检。做公子的时候就与其父卫庄公的妾夷姜私通，生下了长子公子急，寄养于民间。登基后依然淫性不减，因原配邢妃不受宠，就立了公子急为嗣子。公子急十六岁时，聘了齐

49

僖公的女儿宣姜为妻。卫宣公听说宣姜美貌，就自己迎娶了宣姜。后来宣姜为卫宣公生了公子寿和公子聘两个儿子。卫宣公因为宠爱宣姜就想立公子寿而废公子急。宣姜与怀有野心的公子朔设计要加害公子急，计划以出使齐国之名让公子急离开都城，然后在半路上暗杀公子急。结果被公子寿事先发觉告诉了公子急。但公子急却执意要杀身成仁，情急无奈之下，公子寿就以送别为名设酒席灌醉了公子急，而自己冒充公子急出使齐国，结果在半路被盗贼暗杀。酒醒后的公子急急忙赶到亮明了身份也被盗贼杀害。丧子后的卫宣公精神恍惚，不久就病死了。聚麀：本指兽类父子共一牝的行为。禽兽不知父子夫妇之伦，故有父子共牝之事。后以指两代的乱伦。麀，牝鹿。

④寿、朔：指卫宣公的儿子公子寿和公子朔。

⑤水镜：喻指明鉴之人。

⑥俸禄不入私门：指东汉时豫州刺史杨秉计日受俸，馀禄不入私门事，世以廉洁称。

⑦妻子不之官舍：指东汉时钜鹿太守魏霸、颍川太守何并皆以简朴宽恕为政，在办公时妻子不得入官舍。

⑧食不举火：指东汉安帝时冀州刺史左雄在任办公时经常吃干粮，舍不得用火烧饭。

⑨居惟饮水：指晋朝邓攸为吴郡太守时自己带米上任，不受俸禄，只饮当地的水。

⑩"南阳太守"两句：指东汉权豪之家多尚奢丽，南阳太守羊续深疾之，常敝衣薄食，车马羸败。南阳，在今河南省西南部。

⑪"莱芜县长"两句：指东汉桓帝时范丹为莱芜长，自知性格猖急，不能从俗，常佩戴皮绳上朝以自警。遭党锢之祸后，遁逃于梁沛之间。十

多年间，结草屋而居，有时绝粮断炊，但穷居自若。在汉末乐府古诗中，有首民谣赞颂范丹："甑中生尘范史云，釜中生鱼范莱芜"，成为廉吏典范。莱芜，在今山东莱芜境内。

⑫乱常：破坏纲常，违反人伦。干纪：违犯法纪。

⑬"次睢"两句：指鲁僖公十九年，宋襄公派邾文公到睢水祭祀，将鄫国的国君杀了做祭品。

⑭鲁道有荡：语出《诗·齐风·载驱》，意谓道路平坦而广阔。过去认为该诗是对齐襄公与文姜的淫荡行为的无情讽刺。衣裳之会：与"兵车之会"相对而言，原指春秋时代诸国之间和好的会议。这里指乱伦的幽会。

⑮哀、平：指西汉的哀帝刘欣（公元前6～1年）和平帝刘衍（公元1～5年）期间。

⑯东洛：指东汉都城洛阳。桓、灵：指东汉的桓帝刘志（147～167年）和灵帝刘宏（168～189年）。

译文

"被分封的列国诸侯，凭借着他们祖宗的门第和资望，忘记了他们祖宗创业的艰难，轻视他们自然就得到的显贵，一代比一代更加骄奢淫逸。他们的离宫别馆高耸入云，有的耗尽了民脂民膏，有的邀约其他诸侯一起来寻欢作乐。陈灵公违背君臣之礼，和臣子一同侮辱征舒；卫宣公则父娶子妻，最终杀了他的儿子寿和朔。还说他们是为了治理好自己的国家，难道是这个样子吗？如果内外群官都是由朝廷来选拔，挑选出来的士大夫由百姓来任用，用明鉴之人来鉴定和审查，按照任职年数及政绩来决定他们官职的升降。这样他们就会急切进取，磨砺高洁的情操。有的人廉洁奉公，不把官禄拿进家门；有的人单身赴任，将妻子儿女留在家中。有的人官位显赫，却常吃干粮，舍不得用火烧饭；有的人身为封疆大吏，却自己携带米粮，只喝当地的水。东汉南阳太守羊续常穿着旧布衣服，莱芜县令范丹的米缸上经常蒙了一层灰尘。如果说做官都是为了贪图利禄，为什么他们还这样清廉！总而言之，只有爵位俸禄不是世袭，任用贤才的路子才会很宽广；百姓要是没有一个固定的国君，依附于下的感情就不巩固。这个道理是聪明的人和愚昧的人都懂得的，怎么会迷惑不解呢？至于像灭国弑君、破坏纲常、违犯法纪一类的事，在春秋二百年间，几乎就没有过安宁的年份。宋襄公到睢水祭祀，竟杀掉鄫国国君做祭品；鲁国的道路平坦而广阔，竟也有过乱伦的幽会。即使在西汉的哀帝、平帝之际和东汉的桓帝、灵帝之时，下层官吏的淫乱残暴也不会达到这种程度。治理国家的道理，可以用一句话就概括说明了。"

原　文

中书舍人马周又上疏曰：

"伏见诏书令宗室勋贤作镇藩部，贻厥子孙，嗣守其政，非有大故，无或黜免。臣窃惟陛下封植之者，诚爱之重之，欲其胤裔承守①，与国无疆，何则？以尧、舜之父，犹有朱、均之子②，况下此以还，而欲以父取儿，恐失之远矣。傥有孩童嗣职，万一骄逸，则兆庶被其殃，而国家受其败。政欲绝之也，则子文之理犹在③；政欲留之也，而栾黡之恶已彰④。与其毒害于见存之百姓，则宁使割恩于已亡之一臣，明矣。然则向之所谓爱之者，乃适所以伤之也。臣谓宜赋以茅土⑤，畴其户邑⑥，必有材行，随器方授，则虽其翰翮非强⑦，亦可以获免尤累⑧。昔汉光武不任功臣以吏事，所以终全其世者，良由得其术也。愿陛下深思其宜，使夫得奉大恩，而子孙终其福禄也。"

太宗并嘉纳其言，于是竟罢子弟及功臣世袭刺史。

注 释

①胤裔承守：世代袭守职位。

②朱、均：即指丹朱和商均。丹朱，唐尧之子，名朱。因封于丹水，故曰丹朱。因傲慢荒淫，尧禅位于舜。《史记·五帝本纪》："尧知子丹朱之不肖，不足授天下，于是乃权授舜。"商均，舜之子。相传舜以商均不肖，乃使伯禹继位。事见《孟子·万章上》《史记·五帝本纪》。在文献记载中常把商均与丹朱并用为不肖子之典型。

③子文之理：春秋时期楚国斗谷於菟任令尹时，正值楚国统治集团内争和子元内乱之后，困难重重。斗谷於菟能从国家和民族利益出发，毫不犹豫地"自毁其家"，尽力相助效劳，使楚国迅速度过了难关。因此，斗氏之族从稳定楚国政局，到解决国计民生困难，均作出了巨大贡献。子文，楚国令尹，是一代贤相。他曾辅佐楚成王执掌国政。在治理国家、外交和军事方面，具有杰出的才能。这里的"子文之治"泛指先人的功劳。理，治。

④栾黡之恶：晋国大夫栾武子之子栾黡的劣迹。栾黡，栾书嫡子。栾书在悼公即位一事上起了决定性作用，一直得到悼公的优容。栾书死后栾黡一直担任晋国下军主将，作风强悍霸道，几乎得罪了当时的所有家族。栾黡死后不久，其子栾盈就被范氏驱逐，旋于公元前 550 年被灭族，栾氏退出晋国政治舞台。

⑤茅土：指王、侯的封爵。古天子分封王、侯时，用代表方位的五色土筑坛，按封地所在方向取一色土，包以白茅而授之，作为受封者得以有国建社的表征。

⑥户邑：户口与县邑。汉代开始以户口或县邑为封建单位。

⑦翰翮：羽翼。这里指才能、能力。

⑧尤累：过失。

译文

中书舍人马周又上书说：

"臣见到诏书命令宗室子弟和有功之臣到封地做刺史，并传位给他们的子孙，使其世代保守政权，没有大的原因，不得罢免。臣私下认为陛下对所封的人，确实是爱惜和器重他们，希望他们世袭承守职位，与国家一样万年无疆，为什么要这么做呢？像尧、舜这样的父亲，尚且有丹朱、商均这样的不肖子孙，何况尧、舜以下的人，要根据父亲的功德来推断儿子，恐怕相差得太远了。倘若有人在孩童时就承袭了父亲的职位，万一长大以后变得骄横淫逸起来，那么不但百姓遭殃，国家也会受其败坏。若要断绝他们的官职和封地吧，其先人的功劳尚在；若要保留他们的官职和封地吧，但其本人的过恶已明显暴露。与其让这些人去毒害活着的老百姓，还不如断恩于一个已故的功臣，这是很明显的道理。这样一来，原来认为是对他们的爱护，其实恰恰是对他们的伤害。臣下认为，最好是给他们封一些土地，作为食邑，他们的子孙中确有才能者，可根据他们的才能授予官职；对那些能力不强的人，也可以免去过失和罪咎。过去东汉光武帝不让功臣担任政事，所以才能保全他们的一生，确实是由于他处理的方法得当啊。希望陛下深思有关事宜，使宗室和功臣能蒙受陛下的大恩，而他们的子孙也能终享福禄。"

太宗非常赞赏李百药和马周的意见，并加以采纳，于是停止了分封宗室弟子和功臣世袭刺史的做法。

仁义篇

原文

　　贞观二年，太宗谓侍臣曰："朕谓乱离之后，风俗难移。比观百姓渐知廉耻，官人奉法，盗贼日稀，故知人无常俗，但政有治乱耳。是以为国之道，必须抚之以仁义，示之以威信，因人之心，去其苛刻，不作异端①，自然安静。公等宜共行斯事也！"

注释

　　①异端：指违背正道的事情。

译文

　　贞观二年（628年），太宗对身边的大臣们说："我认为在国家乱离之后，社会风气很难在短时间内变好。近来看到百姓都逐渐懂得了廉耻，官吏百姓都能奉公守法，盗贼日渐减少，从而知道人没有一成不变的风俗，只是施政有治乱好坏的区别。所以，治国之道，必须用仁义来安抚百姓，向他们展示威严和诚信，要顺应民心，废除严刑酷法，不做违背正道的事情，天下自然就安定平静。你们应当共同努力做好这件事！"

原文

贞观十三年，太宗谓侍臣曰："林深则鸟栖，水广则鱼游，仁义积则物自归之。人皆知畏避灾害，不知行仁义则灾害不生。夫仁义之道，当思之在心，常令相继，若斯须懈怠[1]，去之已远。犹如饮食资身，恒令腹饱，乃可存其性命。"

注释

①斯须：片刻。

译文

贞观十三年（639年），太宗对身边的大臣们说："树林茂密了鸟儿就会来栖息，江湖广阔了群鱼就会来游弋，仁义积累得深厚了百姓就自然会来归顺。人们都知道躲避灾害，但不知道施行仁义就能使灾害不发生。仁义之道应该牢记在心，经常让它持续不断，如果有片刻懈怠，就会远离仁义。这就好像人饮食是为了保养身子，经常使肚子吃饱，才可以维持生命。"

忠义篇

贞观十一年，太宗谓侍臣曰："狄人杀卫懿公①，尽食其肉，独留其肝。懿公之臣弘演呼天大哭，自出其肝，而内懿公之肝于其腹中②。今觅此人，恐不可得。"

特进魏征对曰："在君待之而已。昔豫让为智伯报雠③，欲刺赵襄子④。襄子执而获之，谓之曰：'子昔不事范、中行氏乎⑤？智伯尽灭之，子乃委质智伯，不为报雠；今即为智伯报雠，何也？'让答曰：'臣昔事范、中行，范、中行以众人遇我，我以众人报之。智伯以国士遇我⑥，我以国士报之。'在君礼之而已，亦何谓无人焉？"

①狄人：中国古代北方的游牧民族。狄，亦称翟。狄人部落众多，春秋时以赤狄、白狄、长狄最著。卫懿公：名赤，卫惠公之子，卫康叔十代孙，卫都朝歌人。卫懿公嗜好养鹤，公元前660年冬，北方狄人攻卫，到荥泽时，卫懿公发兵抵抗，大臣说："君好鹤，鹤可令击狄。"卫懿公向国人"受甲"，国人说："叫鹤去抵抗敌人吧，我们哪里能够打仗呢！"卫懿公无奈便带少数亲信赴荥泽迎敌，结果兵败被杀。

②内：同"纳"，放入。

③豫让：春秋战国时晋国人。晋出公二十二年（公元前453年），赵、韩、魏共灭智氏。豫让用漆涂身，吞炭使哑，暗伏桥下，谋刺赵襄子未遂，后为赵襄子所捕。临死时，求得赵襄子衣服，拔剑击斩其衣，以示为主复仇，然后伏剑自杀。见《史记·刺客列传》。智伯：名瑶，又称智襄子。智氏世为晋大夫，智伯系荀首五世孙，春秋末年晋国六卿（智氏、韩氏、赵氏、魏氏、范氏、中行氏）之一。智伯在很短时间内使智氏盛极一时，超过根基深厚的韩、赵、魏三家。但由于他"贪而愎"，盲目自信，急于求功，不能审时度势，最终被韩、赵、魏三家联手所灭。

④赵襄子：名无恤，一作"毋恤"，赵鞅（赵简子）之子。赵鞅去世，他接任其位担任晋国的六卿之一。公元前454年，与智瑶发生冲突，被围困在晋阳近一年。部下张孟谈奇迹般地说服了智瑶的韩、魏盟军，突然向智瑶反攻，击斩智瑶，从此奠定三家分晋的基础。

⑤范、中行氏：即范氏和中行氏，皆为春秋末年晋国六卿之一。公元前458年，范氏、中行氏被智氏、韩氏、赵氏、魏氏联手所灭，其封地被四家瓜分。

⑥国士：一国中才能优秀的人物。

译文

贞观十一年（637年），太宗对身边的大臣们说："狄人杀了卫懿公，吃光了他的肉，只留下他的肝。卫懿公的臣子弘演呼天大哭，挖出自己的肝，把卫懿公的肝放进自己腹中。如今要寻找这样的人，恐怕已经找不到了。"

特进魏征说："这也要看君主对待臣下的态度。从前豫让为智伯报仇，想刺杀赵襄子。赵襄子抓住他，问他说：'你从前不是侍奉范氏、中行氏吗？智伯将他们都灭掉了，你反而投靠了智伯，不为他们报仇；现在你却要为智伯报仇，这是为什么呢？'豫让回答说：'臣以前侍奉范氏、中行氏，范氏和中行氏以普通人对待我，所以我也像报答普通人那样来报答他们。智伯以国士一样对待我，我也要用国士的作为来报答他。'这关键是看国君如何对待臣子，怎么能说这样的忠臣现在就没有了呢？"

孝友篇

原　文

司空房玄龄事继母，能以色养①，恭谨过人。其母病，请医人至门，必迎拜垂泣。及居丧，尤甚柴毁②。太宗命散骑常侍刘洎就加宽譬③，遗寝床、粥食、盐菜。

注　释

①色养：谓承顺父母颜色。后因称人子和颜悦色奉养父母或承顺父母颜色为"色养"。

②柴毁：谓居丧哀甚，瘦损如柴。

③宽譬：宽慰劝解。

译　文

司空房玄龄侍奉继母，能够承顺父母和颜悦色，恭谨的态度超过常人。他继母生病，请来的医生到了门前，一定流泪迎拜。到了办丧事的时候，房玄龄十分悲伤，以至于骨瘦如柴。太宗派散骑常侍刘洎前去宽慰劝解，并赠给他寝床、粥食和盐菜。

原　文

贞观中，有突厥史行昌直玄武门①，食而舍肉，人问其故，曰："归以奉母。"太宗闻而叹曰："仁孝之性，岂隔华夷？"赐尚乘马一匹②，诏令给其母肉料。

注　释

①史行昌：人名。姓史名行昌。突厥族人本姓"阿史那"，进入中原后改汉姓"史"。

②尚乘：即指尚乘局，官署名，管理皇家马匹的官署。隋炀帝置，为殿内省六尚局之一。唐因其制。

译　文

贞观年间，有个名叫史行昌的突厥人在玄武门值班，吃饭时挑出菜里的肉不吃，有人问他是什么缘故，他回答说："拿回家侍奉母亲。"太宗听了以后感叹地说："仁孝的品性，哪里会有华夏与四夷的区别呢？"于是赐给他尚乘局的马一匹，并诏令给他母亲供应肉食。

原　文

贞观二年，太宗谓房玄龄等曰："朕比见隋代遗老，咸称高颎善为相者①，遂观其本传，可谓公平正直，尤识治体。隋室安危，系其存没。炀帝无道，枉见诛夷，何尝不想见此人，废书钦叹！又汉、魏已来，诸葛亮为丞相，亦甚平直，尝表废廖立、李严于南中②。立闻亮卒，泣曰：'吾其左袒矣③！'严闻亮卒，发病而死。故陈寿称④：'亮之为政，开诚心，布公道，尽忠益时者，虽仇必赏；犯法怠慢者，虽亲必罚。'卿等岂可不企慕及之？朕今每慕前代帝王之善者，卿等亦可慕宰相之贤者。若如是，则荣名高位，可以长守。"

玄龄对曰："臣闻理国要道，在于公平正直，故《尚书》云：'无偏无党，王道荡荡。无党无偏，王道平平。'又孔子称'举直错诸枉，则民服⑤'。今圣虑所尚，诚足以极政教之源，尽至公之要，囊括区宇，化成天下。"

太宗曰："此直朕之所怀，岂有与卿等言之而不行也？"

注　释

①高颎（？～607年）：字昭玄，渤海蓚（今河北景县东）人，隋朝杰出的政治家、军事家、谋臣。"少明敏，有器局，略涉书史，尤善词

令"（《隋书·高颍列传》）。凭借自己敏锐的判断力，在北周末年，投靠杨坚，辅佐杨坚建立隋朝，成为隋朝开国功臣。杨坚称帝后，知高颍知兵事，多计谋，任命为尚书左仆射兼纳言。开皇八年（588年）隋朝以晋王广为元帅伐陈，高颍任元帅长史，指挥全军一举灭陈，完成南北统一，功封齐国公。高颍反对立次子杨广为太子，因高颍之女是杨勇的妻子，杨坚认为高颍是为私利，从此疏忌失权，开皇十九年（599年）免官。大业三年（607年），因对炀帝的奢侈有所非议，为人告发，与贺若弼同时被杀。

②廖立：字公渊，武陵临沅（今湖南常德）人。蜀汉之臣。刘备在赤壁之战后，占据了荆州，开始细心地寻访人才。经诸葛亮推荐，廖立历任长沙太守、巴郡太守、侍中、长水校尉。诸葛亮曾言："庞统、廖立，楚之良才。"后因流露出对职位不满而被流放，在流放地得知诸葛亮的死讯，痛哭流涕。李严：字正方，荆州南阳（今河南南阳）人。以办事干练著称，官至中都护、骠骑将军、都乡侯，历任诸县郡不辱使命。李严的胆识和军事才能都十分杰出，对蜀汉政权的忠诚亦不容怀疑。诸葛亮北伐，李严督运粮草，但办事不力致使蜀军北伐被迫停止。后被罢官流放梓潼郡。建兴十二年（234年），李严闻知诸葛亮逝世，认为后人不会给他起用的机会，于是气愤病死。南中：泛指我国川南、云、贵一带。

③左衽：衣襟向左掩。披头散发，衣襟左开，借指亡国而异族入侵为主。语出《论语·宪问》："微管仲，吾其被发左衽矣。"

④陈寿（233～297年）：字承祚，西晋巴西安汉（今四川南充）人。少好学，师事同郡学者谯周，在蜀汉时曾任卫将军主簿、东观秘书郎、观阁令史、散骑黄门侍郎等职。当时，宦官黄皓专权，大臣都曲意附从。陈寿因为不肯屈从于黄皓，所以屡遭遣黜。入晋以后，历任著作郎、长平太

守、治书侍御史等职。280年，晋灭东吴，结束了分裂局面。陈寿当时四十八岁，开始撰写《三国志》。

⑤举直错诸枉，则民服：意谓任用正直的人士而废弃邪恶的小人，百姓就会心悦诚服。语出《论语·为政》。

 译　文

　　贞观二年（628年），太宗对房玄龄等人说："我近来看到隋朝的一些遗老，都称赞高颎善于做宰相，于是我就看了他的传记，确实可以称得上公平正直，尤其懂得治国之道。隋朝的安与危，与他的生死有着很大的关系。隋炀帝无道，他被枉杀，我何尝不想能见到这个人，不由得放下书本为他感叹！汉魏以来，诸葛亮做丞相，也很公平正直，他曾上表建议废黜廖立、李严，并将他们流放到南中。诸葛亮死后，廖立听到这个消息后，哭着说：'我们要亡国而异族入侵为主了！'李严听说诸葛亮逝世，竟生病死去。所以陈寿说：'诸葛亮处理政务，推诚布公，凡是忠心为国的，即使是仇人也一定奖赏；凡是违反法纪、玩忽职守的，即使是亲人也一定惩罚。'你们岂能不仰慕学习他们呢？我如今很羡慕前代的圣明帝王，你们也应该仰慕前代的贤良宰相。假若能够这样做，那么荣耀的名誉和崇高的爵位就能长久保持了。"

　　房玄龄回答说："臣听说，治理国家的关键，确实在于公平正直，所以《尚书》上说：'不结党营私，王道浩浩荡荡。不结党营私，王道平平坦坦。'还有孔子说：'任用正直的人士而废弃邪恶的小人，百姓就会心悦诚服。'现在圣上所考虑和倡导的，确实可以当作政治教化的根本、推行至公之道的关键，可以囊括宇宙，成就天下的教化。"

　　太宗说："这正是我心中所想的，怎能只跟你们说说却不去实行呢？"

原文

贞观十一年，时屡有阉宦充外使①，妄有奏。事发，太宗怒。

魏征进曰："阉竖虽微，狎近左右，时有言语，轻而易信，浸润之谮②，为患特深。今日之明，必无此虑，为子孙教，不可不杜绝其源。"

太宗曰："非卿，朕安得闻此语？自今已后，充使宜停。"

魏征因上疏曰："臣闻为人君者，在乎善善而恶恶③，近君子而远小人。善善明，则君子进矣；恶恶著，则小人退矣。近君子，则朝无秕政④；远小人，则听不私邪。小人非无小善，君子非无小过。君子小过，盖白玉之微瑕；小人小善，乃铅刀之一割⑤。铅刀一割，良工之所不重，小善不足以掩众恶也；白玉微瑕，善贾之所不弃，小疵不足以妨大美也。善小人之小善，谓之善善；恶君子之小过，谓之恶恶；此则蒿兰同臭，玉石不分，屈原所以沉江，卞和所以泣血者也⑥。既识玉石之分，又辨蒿兰之臭，善善而不能进，恶恶而不能去，此郭氏所以为墟⑦，史鱼所以遗恨也⑧。

注释

①阉宦：宦官。

②浸润之谮：比喻暗中诽谤别人的坏话。

③善善、恶恶：喜欢好的，厌恶坏的。善善，第一个"善"是动词，喜欢、称赞的意思；第二个"善"是名词，指好的人或事。恶恶，第一个"恶"是动词，是厌恶、憎恶的意思；第二个"恶"是名词，指坏的人或事。

④秕政：弊政。指不良的有害的政治措施。

⑤铅刀之一割：语出《后汉书·班超传》："况臣奉大汉之威，而无铅刀一割之用乎？"意谓铅刀虽不锋利，偶尔用得得当，也能割断东西。比喻才能平常的人有时也能有点用处。多作请求任用的谦辞。

⑥卞和：春秋楚人。相传他得玉璞，先后献给楚厉王和楚武王，都被认为欺诈，受刑砍去双脚。楚文王即位，他抱璞哭于荆山下，文王使人琢璞，得宝玉，名为"和氏璧"。

⑦郭氏：这里指春秋时小国郭国，后为齐所灭。本书《纳谏》第一章有载。

⑧史鱼：春秋时卫国大夫，以直谏著名。史鱼曾劝告卫灵公要重用蘧伯玉，不可用弥子瑕，但卫灵公没有听他的话。史鱼将这件事当成了一块心病。等到史鱼得病快死的时候，对他的儿子说："我在卫国，不能推荐蘧伯玉、贬退弥子瑕，这是我作为臣子的失职。我活着的时候不能帮助君主行正道，那么死了之后，也不能根据礼的规定来埋我。所以，我死以后，你把我的尸体放在窗户边，对我来说就够了。"史鱼的儿子按照他说的做了。卫灵公来吊丧，看到这种情况后，觉得很奇怪，便问其中的原因。史鱼的儿子把他父亲说的话告诉了卫灵公，卫灵公惊愕得容颜失色，深为感动。于是，叫人把史鱼葬了，并且提拔了蘧伯玉，贬退了弥子瑕。

译 文

贞观十一年（637年），当时常有宦官充当使者外出办事的，他们往往有一些虚妄的奏议。事情败露后，太宗大怒。

魏征进谏说："宦官的地位虽然低微，但经常侍奉在天子左右，常常在君主面前说些话，很容易让君主相信，那些暗中诽谤别人的坏话，会造成很大的危害。如今陛下圣明，当然不必有此顾虑，但为了教育子孙后代，不能不杜绝这个祸源。"

太宗说："不是你魏征，我怎能听到这样的话？从今以后，停止宦官充使的事。"

魏征因而上书说："臣听说做国君的关键在于喜欢好的而厌恶坏的，

接近君子而疏远小人。鲜明地喜欢好人好事，君子就会进用；明确地反对恶人恶事，小人就会退避。亲近君子，朝政就不会出什么弊政；疏远小人，听取意见就不会偏信谮言。但小人也并非没有一点小的长处，君子也不是没有一点小的过错。君子小的过错，就好像是白玉上小的瑕疵；小人的一点长处，就好像用铅刀割一下的效果。铅刀割一次的效果，是不会被好的工匠所重视的，因为一点小的长处掩盖不了大的缺点；白玉虽然会有小瑕疵，但精明的商人是不会丢弃它的，因为小的瑕疵不足以妨碍美玉整体的美质。如果喜欢小人的一点长处，就算是喜欢好人好事；讨厌君子的一点过失，就算是讨厌坏人坏事，这就是将野蒿与香兰的气味同样看待、将美玉和石头不加区分，这就是屈原投江而死、卞和哭得眼里流血的原因。既然能够区别美玉和石头，又能分辨野蒿和兰草的气味，但喜欢好人而不能任用、讨厌恶人又不能驱逐，这正是郭国之所以灭亡、史鱼之所以遗恨尸谏的原因啊！

原 文

"陛下聪明神武，天姿英睿，志存泛爱，引纳多涂[①]；好善而不甚择人，疾恶而未能远佞。又出言无隐，疾恶太深，闻人之善或未全信，闻人之恶以为必然。虽有独见之明，犹恐理或未尽。何则？君子扬人之善，小人讦人之恶。闻恶必信，则小人之道长矣；闻善或疑，则君子之道消矣[②]。为国家者，急于进君子而退小人，乃使君子道消，小人道长，则君臣失序，上下否隔[③]，乱亡不恤，将何以理乎？且世俗常人，心无远虑，情在告讦，好言朋党[④]。夫以善相成谓之同德，以恶相济谓之朋党，今则清浊共流，善恶无别，以告讦为诚直，以同德为朋党。以之为朋党，则谓事无可信；以之为诚直，则谓言皆可取。此君恩所以不结于下，臣忠所以不达于上。大臣不能辩正，小臣莫之敢论，远近承风，混然成俗，非国家之福，非为理之道。适足以长奸邪，乱视听，使人君不知所信，臣下不得相安。若不远虑，深绝其源，则后患未之息也。今之幸而未败者，由乎君有远虑，虽失之于始，必得之于终故也。若时逢少隳⑤，往而不返，虽欲悔之，必无所及。既不可以传诸后嗣，复何以垂法将来？且夫进善黜恶，施于人者也；以古作鉴，施于己者也。鉴貌在乎止水⑥，鉴己在乎哲人。能以古之哲王，鉴于己之行事，则貌之妍丑宛然在目，事之善恶自得于心，无劳司过之史⑦，不假刍荛之议。巍巍之功日著，赫赫之名弥远。为人君者可不务乎？

注释

①多涂：各种途径。涂，同"途"，途径。

②消：减少，受损害。

③否隔：亦作"否鬲"，隔绝不通。

④朋党：为私利而勾结在一起的宗派。

⑤时逢少隳：碰上了混乱的世道。隳，毁坏。这里引申指乱世。

⑥鉴貌在乎止水：查看容貌要对照静止之水。鉴，古代用铜制成的镜子。这里用作动词，指观察。

⑦司过：掌纠察群臣过失的官吏。

译文

"陛下聪明威武，天资英明睿智，心存博爱，能从各种途径选拔人才；但是，陛下喜好贤才而不太善于选择人才，憎恨恶人而又未能疏远佞臣。而且说话毫不隐讳，疾恶太深，听说别人的优点，有时未必全信；听说别人的缺点，就以为一定是如此。虽然陛下有独到的见解，但仍恐怕不尽合理。为什么呢？因为君子是称赞别人的好处的，小人是攻击别人的缺点的。听说别人的缺点就深信不疑，这样小人攻讦的手段就会增长；听说别人的优点就将信将疑，这样君子扬善的途径就会减少。治理国家的人急于进用君子而斥退小人，却反而让君子扬善的途径减少，让小人攻讦的手段增长，这样就会使君臣之间失去正常的秩序，上下隔绝不通，国家乱亡，将用什么去治理国家呢？况且世俗常人心无远虑，喜欢攻击别人的短处，好说别人结党营私。其实用善互相成全叫做'同德'，用邪恶互助帮助叫做'朋党'，现在却清浊合流，善恶不分，把告讦攻击他人当作诚实正直，把同心同德看成是结党营私。把同心同德看成是结党营私，就认为他们所做的事没有什么可值得相信；把告讦攻击他人当作诚实正直，就认为他们所说的话都可以听取。这样就会使得国君的恩惠不能施于臣下，臣下的忠心也不能够表现给国君。对此大臣不能分辨纠正，小臣不敢随便议论，到处都承袭了这种不良风气，浑然成为习惯，这不是国家的福祉，也不是治国的方法。只能助长奸邪，混淆视听，使国君不知道什么可信，臣下不能相安无事。如果不深谋远虑，彻底杜绝它的根源，后患将难以止息。当今之所以没有败亡的原因，是因为陛下有远见卓识，虽然刚开始时有些失误，但是最终将会有所得。如果碰上了混乱的世道，又不加以改正，即使后悔，也一定来不及了。这些既然不能传给后代，又拿什么示范将来？况且进用贤良、黜退奸邪，是针对别人的；以历史为借鉴，是针对自己的。观察容貌要对着静止的水来照，省察自己要对着圣哲之人来照。能够用古代的圣君贤王来对照自己的所作所为，那么自己面貌的美丑宛如就在眼前，事情的好坏自己心里就会明白，无须劳神史官来记载，也无须百姓来议论。巍巍大功日益显著，赫赫名声更加远扬，为人君主者能不致力于此吗？

原　文

　　"臣闻道德之厚，莫尚于轩、唐[①]；仁义之隆，莫彰于舜、禹。欲继轩、唐之风，将追舜、禹之迹，必镇之以道德，弘之以仁义，举善而任之，择善而从之。不择善任能，而委之俗吏，既无远度，必失大体。惟奉三尺之律②，以绳四海之人，欲求垂拱无为③，不可得也。故圣哲君临，移风易俗，不资严刑峻法，在仁义而已。故非仁无以广施，非义无以正身。惠下以仁，正身以义，则其政不严而理，其教不肃而成矣。然则仁义，理之本也；刑罚，理之末也。为理之有刑罚，犹执御之有鞭策也，人皆从化，而刑罚无所施；马尽其力，则鞭策无所用。由此言之，刑罚不可致理，亦已明矣。故《潜夫论》曰④：'人君之理，莫大于道德教化也。民有性、有情、有化、有俗。情性者，心也，本也；俗化者，行也，末也。是以上君抚世，先其本而后其末，顺其心而履其行。心情苟正，则奸慝无所生，邪意无所载矣。是故上圣无不务理民心，故曰："听讼，吾犹人也，必也使无讼乎。"道之以礼，务厚其性而明其情。民相爱，则无相伤害之意；动思义，则无畜奸邪之心。若此，非律令之所理也，此乃教化之所致也。圣人甚尊德礼而卑刑罚，故舜先敕契以敬敷五教⑤，而后任咎繇以五刑也⑥。凡立法者，非以司民短而诛过误也，乃以防奸恶而救祸患，检淫邪而内正道。民蒙善化，则人有士君子之心；被恶政，则人有怀奸乱之虑。故善化之养民，犹工之为曲豉也⑦。六合之民⑧，犹一荫也⑨；黔首之属⑩，犹豆麦也，变化云为⑪，在将者耳！遭良吏，则怀忠信而履仁厚；遇恶吏，则怀奸邪而行浅薄。忠厚积，则致太平；浅薄积，则致危亡。是以圣帝明王，皆敦德化而薄威刑也。德者，所以修己也；威者，所以理人也。民之生也，犹铄金在炉⑫，方圆薄厚，随镕制耳⑬！是故世之善恶，俗之薄厚，皆在于君。世主诚能使六合之内、举世之人，咸怀忠厚之情而无浅薄之恶，各奉公正之心而无奸险之虑，则醇酽之俗，复见于兹矣。'后王虽未能遵古，专尚仁义，当慎刑恤典，哀敬无私，故管子曰：'圣君任法不任智，任公不任私。'故王天下，理国家。

注 释

①轩、唐：指轩辕氏（黄帝）和陶唐氏（尧帝）。

②三尺之律：据文献记载，古时把法律条文写在三尺长的竹简上，故称法律为"三尺之律"。但出土实物并非如此，有时法律条文也并不都写在三尺长的竹简上，如1973年在湖北云梦出土的《秦律》就写在长23厘米的竹简上，约合一尺长。

③垂拱：垂衣拱手，谓不动手，不做什么事，就可以无为而治。

④《潜夫论》：是东汉王符撰写的一部政论书籍。王符，字节信，安定临泾（今甘肃镇原）人。其生卒年月不可详考。大约生于东汉和帝、安帝之际，卒于桓帝、灵帝之际。少好学，有志操，与马融、窦章、张衡、崔瑗等人相友善。其活动在黄巾起义之前。当时东汉社会矛盾日趋尖锐和严重，朝政更加腐败黑暗，统治阶级的贪婪和残暴，再加上连年的自然灾害，使社会更加动荡不安、民不聊生。王符性情耿介，不苟同于世俗，于是终身不仕，隐居著书三十余篇，以抨击时政之得失，取名为《潜夫论》。《潜夫论》共三十六篇，多数是讨论治国安民之术的政论文章，少数也涉及哲学问题。他对东汉后期政治社会提出广泛尖锐的批判，涉及政治、经济、社会风俗各个方面，指出其本末倒置、名实相违的黑暗情形，认为这些皆出于"衰世之务"，并引经据典，用历史教训警告当时的统治者。

⑤敕契以敬敷五教：命契推行五教之义。五教，五常之教，指父义、母慈、兄友、弟恭、子孝五种伦理道德的教育。

⑥五刑：中国古代的五种刑罚。最初为墨（将墨涂于犯人刺刻后的面额部）、劓（割去犯人的鼻子）、剕（弄断犯人之足）、宫（割去男犯生殖器，闭塞女犯生殖器）、大辟（对死刑的通称）五种。

⑦曲豉：用大豆发酵制成的调味品，也叫豆豉。

⑧六合：指上（天）、下（地）和东西南北四方，泛指天下或宇宙。

⑨荫：庇护。

⑩黔首：指平民百姓。

⑪云为：指言论行为。

⑫铄金：熔化金属。

⑬镕：铸器使用的模型。

译文

"臣听说道德的深厚，没有谁能赶得上黄帝和唐尧；仁义的崇高，没有谁能赶得上虞舜和夏禹。要想继承黄帝、唐尧的淳风，追上虞舜、夏禹的功绩，就必须用道德镇伏风俗，弘扬仁义，举用贤才，听从善言。如果不选择善人、任用能人，而把政事委托给俗吏，他们既无远见卓识，必定会丢失国家大体。只会拿法律条文去规范和苛求四海之内的百姓，想要做到无为而治的境界是不可能的。所以圣哲的国君治理天下，是靠移风易俗，不依靠严刑峻法，只是推行'仁义'而已。离了'仁'就无法广泛地施行恩德，离了'义'就无法端正自身。给臣下带来恩惠，用'义'来端正自身，这样，国家的政务不用严厉就能达到太平，国家的教化不用严峻就能有所成就。如此则仁义，是治国的根本；刑罚，为治国的末事。为了治国用刑罚，就像赶马车用鞭子，百姓们全都服从教化了，刑罚就无所施行了；马匹能自觉尽力了，鞭子也就没有什么用处了。由此而论，刑罚不能使国家太平的道理，也就很明显了。所以《潜夫论》中谈到：'国君的统治没有比道德教化更重要的。百姓有性、有情、有化、有俗。性与情是内心，是根本；教化与风俗是行动，是末节。所以圣明的国君治理天下，先是巩固根本，而后才做末节的事，是顺应民心来引导行动的。民众的心与情端正了，奸佞之心就无从产生，邪恶之事就无法存在。因此贤明的圣人没有不致力于治理民心的，所以孔子说："审理案子，我也和别人一样，一定要做到使案件不再发生。"用礼来引导百姓，一定会使民性民情淳厚清明。百姓互相敬爱，就不会有彼此伤害的意思；行动时想到义，就不会蓄积奸邪之心。像这些，都不是律令能做到的，这是通过道德教化所达到的。圣人都尊重仁义礼德而鄙视刑罚，所以舜帝先命契推行五教之义，然后再让咎繇实行五刑之法。大凡制定法律的原因，并不是为了纠察百姓的短处和惩治他们的过失，而是为了防范奸邪、避免祸患、肃清淫邪，使社会纳入正轨。百姓蒙受善政的教化，那么人人都会有君子一样的情怀；如果受到恶政的统治，那么人人都会产生邪恶不轨的念头。所以，用好的道德来教育百姓，就好像酿酒工匠做酒曲和豆豉一样。天下就如处于同一庇荫之下，百姓就好像酿酒的原料麦豆一样，他们的言论行为就全在于统治者的作为了！如果遇到好的官吏，他们就会胸怀忠信而努力践行仁义；如果遇到坏的官吏，他们就会心胸狭隘而行为浅薄。仁义忠信积累得深厚了，国家就会太平；奸邪浅薄的风气积累得深厚了，就会导致国家的危亡。所以圣明的国君都强调加强道德教化而鄙视严刑峻法。道德，是用来约束自己的；权威，是用来统治他人的。人们的生长过程就像金属在炉中冶炼，方圆薄厚都随铸器使用的模型来确定！所以，世道的善恶，风俗的薄厚，都取决于国君的作为。世上的国君果真能使天下的百姓都性情忠厚而无浅薄的恶习，各自都有奉公循正的心态，而没有奸邪阴险的想法，那么良好的社会风气就又可以重新出现。'后代的国君虽不能遵遁这种古法，只是崇尚仁义，但也应当慎用刑罚，施行抚恤百姓的制度，力求公正无私，所以管子说：'圣明的国君是依赖法度而不依赖奸智，是听从公论而不曲从私见。'所以能够称王于天下，治理好国家。

原 文

"凡听讼理狱，必原父子之亲，立君臣之义，权轻重之序，测浅深之量。悉其聪明，致其忠爱，然后察之，疑则与众共之。疑则从轻者，所以重之也，故舜命咎繇曰：'汝作士，惟刑之恤。'又复加之以三讯①，众所善，然后断之。是以为法，参之人情。故《传》曰②：'小大之狱，虽不能察，必以情。'而世俗拘愚苛刻之吏，以为情也者，取货者也。立爱憎者也，右亲戚者也，陷怨仇者也，何世俗小吏之情，与夫古人之悬远乎？有司以此情疑之群吏，人主以此情疑之有司，是君臣上下通相疑也，欲其尽忠立节，难矣。

注 释

①三讯：《周礼》以"三讯"判决庶民狱讼，一讯群臣，二讯群吏，三讯万民。形容对决狱的慎重。

②《传》：指《左传》，语见《左传·庄公十年》。

译 文

"凡是听讼判案，必须推究父子之情，树立君臣之义，权衡罪行的大小，决定刑罚的重轻。要充分施展自己的聪明才智，发扬所有的忠厚仁爱，然后考察实行，若有疑难的地方就要与众人一起商量。有疑惑的就尽量从轻处理，这样做是表示慎重，所以舜对咎繇说：'你担任法官，就要怜恤刑狱。'还要加上向大臣、群吏和庶民多次查询，大家都认为正确，然后才能断案。这就是说，执法要参以人情。所以《左传》上说：'大小案件，即使不可能都审察得十分清楚，但断案的时候，一定要体恤人情。'而世俗中那些古板愚昧而又苛刻的官吏，认为所谓人情就是要索取贿赂，根据个人爱憎去断案，袒护亲戚，陷害仇人。为什么这种世俗小吏的想法，与古代圣人的人情相差得那么远呢？主管部门因为这种人情而怀疑官吏营私，国君又因为这种人情而怀疑主管官员舞弊，这样君臣上下相互猜疑，要想让臣子竭尽忠心，确立节操，那就难了。

原文

"凡理狱之情，必本所犯之事以为主，不严讯，不旁求，不贵多端，以见聪明，故律正其举劾之法，参伍其辞[1]，所以求实也，非所以饰实也。但当参伍明听之耳，不使狱吏锻炼饰理成辞于手[2]。孔子曰：'古之听狱，求所以生之也；今之听狱，求所以杀之也。'故析言以破律[3]，诋案以成法[4]，执左道乱政[5]，皆王诛之所以必加也。又《淮南子》曰[6]：'沣水之深十仞[7]，金铁在焉，则形见于外。非不深且清，而鱼鳖莫之归也。'故为政者以苛为察，以功为明，以刻下为忠，以讦多为功，譬犹广革，大则大矣，裂之道也。夫赏宜从重，罚宜从轻，君居其厚，百王通制。刑之轻重，恩之厚薄，见思与见疾，其可同日言哉！且法者，国之权衡也，时之准绳也。权衡所以定轻重，准绳所以正曲直。今作法贵其宽平，罪人欲其严酷，喜怒肆志，高下在心，是则舍准绳以正曲直，弃权衡而定轻重者也，不亦惑哉？诸葛孔明[8]，小国之相，犹曰'吾心如秤，不能为人作轻重'，况万乘之主[9]，当可封之日，而任心弃法，取怨于人乎？

注释

①参伍：交互错杂。这里是错综比验之意。语本《易·系辞上》："参伍以变，错综其数。"

②锻炼：本指锻造或冶炼。这里比喻枉法陷人于罪。

③析言：谓巧说诡辩，曲解律令。

④诋案：因案件判例来代替法律。

⑤左道：指邪门歪道。

⑥《淮南子》：又名《淮南鸿烈》，是西汉宗室淮南王刘安召致宾客，在他主持下编著的一部书。据《汉书·艺文志》云："淮南内二十一篇，外三十三篇。"颜师古注曰："内篇论道，外篇杂说。"现今所存的有二十一篇，大概都是原说的内篇所遗。据高诱序言，"鸿"是广大的意思，"烈"是光明的意思。作者认为此书包括了广大而光明的通理。全书内容庞杂，将道、阴阳、墨、法和一部分儒家思想糅合起来，但主要的宗旨倾向于道家。《汉书·艺文志》则将它列入杂家。

⑦沣水：河名。源出陕西长安西南秦岭中，北流至西安西北入渭河。

仞：古代的长度单位。周制八尺，汉制七尺。

⑧诸葛孔明（181～234年）：即诸葛亮，复姓诸葛，字孔明。

⑨万乘：周制，天子地方千里，能出兵车万乘，因以"万乘"指天子。

译 文

"凡是审理案件之事，一定要根据所犯罪的事实作为主要审查内容，不能严刑逼供，不能节外生枝，不是牵连的头绪越多，就越能显示判案者的聪明，所以法律规定了举证、审讯的制度，反复比验供词，是为了求得事实的真相，而不是要掩饰事实的真相。反复比验供词，多方调查，听取各方面的意见，是不让狱吏徇私枉法、掩饰事实真相、伪造判案文书而得逞。孔子说：'古代圣贤判案，是想尽办法寻求给人以生的理由；今人判案，是千方百计寻求给人以死的理由。'所以就会离析语言对法律断章取义，因案件判例来代替法律，施展邪门歪道来惑乱政治，这是王法一定要加以惩诛的。《淮南子》说：'沣水虽然有十仞之深，金铁一类的东西沉到水底，在外面也能看得一清二楚。不是因为水不够深和不够清澈，但鱼鳖都不往那里去。'所以，为政者把细苛当做明察，把求功当做明智，把刻薄百姓当做忠心，把攻讦他人当做功劳，这就像是一张大的皮革，虽然倒是挺大，但也是容易破裂的原因。奖赏应该从重，惩罚应该从轻，国君要以仁厚为本，这是历代帝王通行的规矩。刑罚的轻重，恩情的厚薄，让百姓称颂或是让百姓痛恨，这两种做法的效果怎可同日而语！况且法律是治理国家的权衡、时事的准绳。权衡是用来确定轻重的，准绳是用来显示曲直的。现在制定法律以其宽容公平为贵，但判人的罪却极其严酷，甚至只凭个人的喜怒任意处治，高下在心，这就等于舍掉准绳来端正曲直，舍弃权衡来确定轻重，这不是太糊涂了吗？诸葛孔明是小国的丞相，还说过'我的心就像一杆秤，不能因为人的好恶而改变轻重'的话，更何况是大国的万乘之君，处在唐虞盛世，怎能随心所欲放弃法律，而取怨于百姓呢？

原　文

"又时有小事，不欲人闻，则暴作威怒，以弭谤议①。若所为是也，闻于外，其何伤？若所为非也，虽掩之，何益？故谚曰：'欲人不知，莫若不为；欲人不闻，莫若勿言。'为之而欲人不知，言之而欲人不闻，此犹捕雀而掩目，盗钟而掩耳者，只以取诮②，将何益乎？臣又闻之，无常乱之国，无不可理之民者。夫民之善恶由乎化之薄厚，故禹、汤以之理，桀、纣以之乱；文、武以之安，幽、厉以之危③。是以古之哲王，罪己而不以尤人，求身而不以责下。故曰：'禹、汤罪己，其兴也勃焉；桀、纣罪人，其亡也忽焉。'今罪己之事未闻，罪人之心无已，深乖恻隐之情，实启奸邪之路。温舒恨于曩日④，臣亦欲恨于当今，恩不结于人心，而望刑措不用，非所闻也。臣闻尧有敢谏之鼓⑤，舜有诽谤之木⑥，汤有司过之史⑦，武有戒慎之铭⑧。此则听之于无形，求之于未有，虚心以待下，庶下情之达上，上下无私，君臣合德者也。魏文帝云⑨：'有德之君乐闻逆耳之言，犯颜之诤，亲忠臣，厚谏士，斥谗慝，远佞人者，诚欲全身保国，远避灭亡者也。'凡百君子，膺期统运，纵未能上下无私，君臣合德，可不欲全身保国，远避灭亡乎？然自古圣哲之君，功成事立，未有不资同心，予违汝弼者也。"

注 释

①弭：止息，中断。这里是阻止的意思。

②诮：讥笑讽刺。

③幽、厉：指周幽王和周厉王，都是西周时的暴君。周幽王在位时，沉湎酒色，不理国事，各种社会矛盾急剧尖锐化，政局不稳。幽王变本加厉地加重剥削，任用贪财好利善于逢迎的虢石父主持朝政，引起国人怨愤。周厉王在位期间，重用奸佞荣夷公，不听贤臣周公、召公等人劝阻，实行残暴的"专利"政策，奴役百姓，不让他们有丝毫的言论自由，以至于行人来往，只能以眼神来示意。于是周朝国势更加衰落，朝政更加腐败，民不聊生，百姓怨声载道。

④温舒：即西汉时王温舒。阳陵（今陕西咸阳东）人。年轻时游手好闲，不务正业，且性格暴虐。曾在月黑风高之夜，拦路抢劫，再把人杀了埋掉。他经过几番投机钻营，竟官至中尉，统管京师治安。他当上高官后，其暴虐性格又得到进一步发展，专门选用那些专好猜疑、心狠手毒、敢于祸及别人的歹毒之徒作为自己的鹰犬，嗜杀成性，至于国家法律常被置于不顾，对一些大案、疑案更是昏昏不辨；而且他还受员骑钱（接受部下贿赂），贪得无厌，终被朝廷诛灭五族。

⑤尧有敢谏之鼓：相传尧曾在庭中设鼓，让百姓击鼓进谏，指出他施政有什么不对的地方。史称"敢谏之鼓"。

⑥舜有诽谤之木：相传尧命舜在交通要道竖立木柱，让人在上面写谏言，指出自己的过失，以修明政治，史称"诽谤之木"，也称"谤木"。见《史记·孝文本纪》。

⑦汤有司过之史：据《淮南子》记载，商汤曾给自己设置了进谏的史官（司过）来指出自己的缺点和错误。

⑧武有戒慎之铭：据《大戴礼记·武王践阼》载，姜太公述《丹书》云："敬胜怠者吉，怠胜敬者灭；义胜欲者从，欲胜义者凶。"周武王闻之，退而为戒，并写在几、案等器物上，作为座右铭。《政教真诠》云："戒慎者，乃事必以正，戒谨恐惧也。"即警惕而审慎。《礼记·中庸》："是故君子戒慎乎其所不睹，恐惧乎其所不闻。"

译 文

"陛下有时做的一些小事，不想让别人知道，就突然发威作怒，以此来阻止别人的议论。如果所做的事是正确的，就是传到外边，又有什么妨碍呢？如果所做的事是错误的，就是极力掩盖，又有什么好处呢？所以谚语说：'若要人不知，除非己莫为；若要人不闻，除非己莫言。'自己做了却不想让别人知道，自己说了却不想让别人听见，这就像是掩目捕雀、掩耳盗铃，只会被人讥笑讽刺，又有什么益处呢？臣又听说，没有长时间混乱的国家，也没有不可治理的百姓。国民的善恶好坏取决于道德教化的厚薄，所以夏朝和商朝在禹和汤的治理下就天下大治，在桀和纣的统治下就天下大乱；周朝在文王、武王的治理下就秩序安定，在幽王、厉王的统治下就出现危机。因此，古代圣明的国君，严以责己而不怨恨别人，寻求自身的不足而不责备下属。因此说：'禹、汤时常责备自己，所以国家迅速兴旺；桀、纣处处怪罪别人，所以国家很快灭亡。'现在很少听说君王责备自己，而他们怪罪臣下之心不已，就会深深违背恻隐之情，并且开启奸邪之路。汉朝的王温舒有杀人不尽之恨，臣对此人深感惋惜，恩泽未能结纳人心，还想不用刑罚，我没听过这样的事。臣听说过，尧时有敢谏之鼓，舜时有诽谤之木，汤时有专记过失的史官，武王时有戒慎的座右铭。这些都是先王倾听意见于事情没有发生的时候，寻求谏言于没形成过失的时候，虚心对待臣下，希望下情能够上达，上下无私，君臣同心同德。魏文帝也说：'有德之君喜欢听逆耳的话，喜欢听犯颜直谏之言，亲近忠贞的大臣，厚待直谏的人士，斥逐谗慝，远离奸佞的小人，实在是想保全自身和国家，远远避开亡国杀身之祸。'凡是承受天命控驭国运的国君，即使不能做到上下无私，君臣同德，难道可以不保全自身和国家，避开亡国杀身之祸吗？自古以来的圣明国君，能够功成名就、建立一番伟业的，没有不依靠君臣上下同心同德，也没有违背辅弼大臣意见的。"

诚信篇

原　文

　　贞观初，有上书请去佞臣者。太宗谓曰："朕之所任，皆以为贤，卿知佞者谁耶？"

　　对曰："臣居草泽①，不的知佞者②，请陛下佯怒以试群臣。若能不畏雷霆③，直言进谏，则是正人，顺情阿旨，则是佞人。"

　　太宗谓封德彝曰："流水清浊，在其源也。君者政源，人庶犹水，君自为诈，欲臣下行直，是犹源浊而望水清，理不可得。朕常以魏武帝多诡诈，深鄙其为人，如此，岂可堪为教令④？"

注　释

　　①草泽：荒郊野地。这里指民间。

　　②的：确实。

　　③雷霆：形容盛怒时大发脾气。这里是对帝王暴怒的敬称。

　　④教令：指教规和法令。

译　文

　　贞观初年，有人上书请求太宗清除邪佞的臣子。太宗说："我所任用的人，都以为是贤臣，你知道哪个是邪佞的臣子吗？"

那人回答说："臣住在荒野民间，不能确知哪个人是佞臣，请陛下假装发怒，用来试验群臣。假若能不惧怕陛下的雷霆之怒，仍能直言进谏的就是正人贤臣；如果依顺陛下情绪迎合旨意，阿谀奉承的就是奸邪谄佞之臣。"

太宗对封德彝说："流水的清浊，关键在于水源。国君是政令发出的源头，臣子百姓就好比是水，如果国君自己先以诈术骗人，而要求臣子行为忠直，这就好像水源浑浊而希望流水清澈一样，这在道理上是讲不通的。我常常认为魏武帝曹操为人诡诈，所以特别鄙视他的为人，如果我也这样，还怎么可以去制定教规和法令呢？"

原文

贞观十年，魏征上疏曰：

"臣闻为国之基，必资于德礼；君之所保，惟在于诚信。诚信立则下无二心，德礼形则远人斯格①。然则德礼诚信，国之大纲，在于君臣父子，不可斯须而废也②。故孔子曰：'君使臣以礼，臣事君以忠③。'又曰：'自古皆有死，民无信不立④。'文子曰⑤：'同言而信，信在言前；同令而行，诚在令外。'然则言而不行，言无信也；令而不从，令无诚也。不信之言，无诚之令，为上则败德，为下则危身。虽在颠沛之中⑥，君子之所不为也。

注释

①格：正。

②斯须：片刻，一会儿。

③"君使臣"两句：见《论语·八佾》，为孔子答鲁定公之语。

④"自古"两句：见《论语·颜渊》，为孔子答子贡之语。

⑤文子：姓文，尊称子，其名字及籍贯已不可确考。《汉书·艺文志》道家类著录《文子》九篇，班固在其条文下只注明："老子弟子，与孔子

同时。"没有记载其名字籍贯。据史书记载，他曾游学齐国，把道家兼融仁义礼的思想带到齐国，形成了齐国的黄老之学。1973年，河北定县40号汉墓出土的竹简中有《文子》残简，其中与今本《文子》相同的文字有六章，也有不见于今本的一些内容，确证了《文子》一书为西汉时已有的先秦古书。传世《文子》分十二篇八十八章。在唐代时文子与老子、庄子并重，天宝元年唐玄宗诏封文子为"通玄真人"，诏改《文子》为《通玄真经》，与《老子》《庄子》《列子》并列为道教四部经典。《文子》一书的主要内容是解说老子之言，阐发老子的思想，同时又吸收了同期其他学派的某些思想，是继承和发展了的道家学说，在中国古代哲学史上占有一席之地。

⑥颠沛：这里比喻处境窘迫困顿。

 译 文

贞观十年（636年），魏征上书说：

"臣听说治理国家的基础，一定要依靠德行和礼义；国君所应该坚守的，只在于诚实信用。诚实信用树立以后，臣子对国君就没有二心；德行礼义形成后，边远地区的人民就会前来归正。既然如此，德行、礼义、诚实、信用，就是国家的纲领，贯穿于君臣、父子之中，不可片刻废弃。因此孔子说：'国君对待臣子要按照礼制，臣子侍奉国君要忠心不二。'他又说：'自古人生都有一死，如果百姓不讲信用就不能安身立命。'文子也说：'同样的话语被人信任，那是因为信任建立在话语的前面；同样的法令可以贯彻实行，那是因为有诚信在法令之外。'如果话说出来却不实行，是言而无信；法令制定了却不被服从，是因为没有诚意。不被实行的言语，没有诚意的法令，对国君来说会败坏道德名声，对百姓来说会招致杀身的危险。即使在颠沛流离的环境中，有德有才的君子也不会那样做。

"夫君能尽礼，臣得竭忠，必在于内外无私，上下相信。上不信则无以使下，下不信则无以事上，信之为道大矣！昔齐桓公问于管仲曰：'吾欲使酒腐于爵①，肉腐于俎②，得无害于霸业乎③？'管仲曰：'此极非其善者，然亦无害于霸也。'桓公曰：'如何而害霸乎？'管仲曰：'不能知人，害霸也；知而不能任，害霸也；任而不能信，害霸也；既信而又使小人参之④，害霸也。'晋中行穆伯攻鼓⑤，经年而弗能下，馈间伦曰⑥：'鼓之啬夫⑦，间伦知之。请无疲士大夫，而鼓可得。'穆伯不应，左右曰：'不折一戟，不伤一卒，而鼓可得，君奚为不取？'穆伯曰：'间伦之为人也，佞而不仁。若使间伦下之，吾可以不赏之乎？若赏之，是赏佞人也。佞人得志，是使晋国之士舍仁而为佞。虽得鼓，将何用之？'夫穆伯，列国之大夫；管仲，霸者之良佐，犹能慎于信任，远避佞人也如此，况乎为四海之大君，应千龄之上圣⑧，而可使巍巍之盛德，复将有所间然乎⑨。

注释

①爵：古代酒器。

②俎：古代切肉用的砧板。

③霸业：称霸为王的业绩。

④参：干预。

⑤中行穆伯：春秋时晋国六卿之一。鼓：春秋时夷国，白狄之别种。其地在今河北晋县，后为晋国所灭。

⑥馈间伦：晋国中行穆伯的左右官吏。

⑦啬夫：古代官吏名，司空的属官。

⑧上圣：指圣明之君。

⑨间：间断，不连贯。

译 文

"国君能对臣子尽到礼仪，臣子就会为国君竭尽忠诚，关键在于内外无私，君臣之间互相信任。国君不信任臣子就无法驱使臣子，臣子不信任国君就不能服侍国君，可见诚信这条原则是多么重要！从前齐桓公问管仲：'我要是让酒在杯中变质，让肉在砧板上腐烂，这样会不会损害我的霸业？'管仲说：'这当然不是什么好事，但对霸业也没有什么危害。'桓公问：'那什么事才会有害于霸业呢？'管仲说：'不

▲ 管 仲

能了解人，对霸业有害；能了解人却不能用人，对霸业有害；能任用人而不能信任人，对霸业有害；即使能信任人却又让小人干预其间，也对霸业有害。'晋国的中行穆伯攻打鼓国，经过一年多时间也没能攻下，馈间伦说：'鼓国的啬夫，我了解他。请不要劳累士大夫，鼓国就可以到手。'中行穆伯没有理他，随从的人问中行穆伯说：'不折一戟，不伤一卒，而鼓国就可以到手，您为什么不干呢？'中行穆伯说：'馈间伦的为人，奸佞而且不仁义。如果用馈间伦的计策攻下鼓国，我能不奖赏他吗？如果奖赏他，就是奖赏奸佞小人。奸佞小人得志，就会使晋国的士人都舍弃仁义而成为奸佞的人。即使攻下了鼓国，又有什么用呢？'穆伯，只是列国的一个大夫；而管仲，则是霸主的好辅佐，却都能够这样谨守信用，远避佞人，更何况陛下是统领天下的君主、上应千年的圣明天子，怎能让巍巍盛德又有所间断呢？

原文

"若欲令君子小人是非不杂，必怀之以德，待之以信，厉之以义[①]，节之以礼。然后善善而恶恶，审罚而明赏[②]。则小人绝其佞邪，君子自强不息，无为之治[③]，何远之有？善善而不能进，恶恶而不能去，罚不及于有罪，赏不加于有功，则危亡之期，或未可保，永锡祚胤[④]，将何望哉？"

注释

①厉：同"励"，劝勉。

②审：详知。明：明悉。

③无为之治：语出《论语·卫灵公》。指以仁德感化民众，以达到社会安定的统治方法。这种治理方法是继承了老子思想，又总结了战国以来社会发展的经验，兼综诸家之长的黄老之学。陆贾曾献给汉高祖刘邦《新语》一书，书中内容虽不尽为道家者言，但也提出"无为而治"的思想："夫道莫大于无为，行莫大于谨敬。何以言之？昔虞舜治天下，弹五弦之琴，歌南风之诗，寂若无治国之意，漠若无忧民之心，然天下治。"

④永锡祚胤：永远赐福给子孙后代。锡，赐予。祚胤，福运及于后代子孙。

译文

"要想让君子小人是非分明，必须用仁德来安抚他们，用诚信来对待他们，用仁义来劝勉他们，用礼仪来节制他们。然后才能崇敬善良的人而厌恶奸邪的人，赏罚分明。这样，小人就会无法施展他们的邪佞，君子才能自强不息，无为而治的局面哪里还会遥远？如果崇敬良善而不能任用善人，厌恶奸邪而又不能摒弃恶人，有罪过的人得不到惩罚，有功劳的人得不到奖赏，那么国家灭亡的日子说不定就会到来，永远赐福给子孙后代，还有什么指望呢？"

原文

贞观十七年，太宗谓侍臣曰："《传》称'去食存信'①，孔子曰'人无信不立'②。昔项羽既入咸阳，已制天下，向能力行仁信③，谁夺耶？"

房玄龄对曰："仁、义、礼、智、信，谓之五常，废一不可。能勤行之，甚有裨益。殷纣狎侮五常④，武王伐之；项氏以无仁信为汉高祖所夺，诚如圣旨。"

注释

①去食存信：比喻宁可失去粮食而饿死，也要坚持信义。

②人无信不立：语出《论语·颜渊》。意谓人没有诚信就无法安身立命。

③向：假如，假使。

④狎侮：轻慢侮弄。

译文

贞观十七年（643年），太宗对身边的大臣们说："《左传》上讲'宁可舍弃粮食，也要保持诚信'，孔子说'人没有诚信就无法安身立命'。从前，项羽攻入咸阳，已经控制了天下，假如他当时能努力施行仁信政策，谁还能夺取他的天下？"

房玄龄回答说："仁、义、礼、智、信，称为五常，废去任何一项都不行。如果能勤恳地推行五常，会有很大的补益。殷纣王轻慢侮弄五常，周武王就讨伐他；项羽因为没有仁信，就被汉高祖夺了他的江山，确实像陛下所讲的那样。"

原文

贞观二年，太宗谓侍臣曰："人言作天子则得自尊崇，无所畏惧，朕则以为正合自守谦恭，常怀畏惧。昔舜诫禹曰：'汝惟不矜，天下莫与汝争能；汝惟不伐，天下莫与汝争功①。'又《易》曰：'人道恶盈而好谦②。'凡为天子，若惟自尊崇，不守谦恭者，在身傥有不是之事③，谁肯犯颜谏奏？朕每思出一言，行一事，必上畏皇天，下惧群臣。天高听卑④，何得不畏？群公卿士，皆见瞻仰，何得不惧？以此思之，但知常谦常惧，犹恐不称天心及百姓意也。"

魏征曰："古人云：'靡不有初，鲜克有终⑤。'愿陛下守此常谦常惧之道，日慎一日，则宗社永固，无倾覆矣。尧舜所以太平。实用此法。"

注释

①"汝惟不矜"四句：语出《尚书·虞书·大禹谟》。意谓你只要做到不矜持骄傲，天下就没有人敢和你争贤能；你只要做到不夸耀，天下就没有人敢和你争功劳。不伐，不自夸耀。

②"人道"句：语出《周易·谦卦》。意谓人们都是厌恶骄傲自满而崇尚谦逊恭谨。

③在身：自身。

④卑：下。这里指在下面的民间情况。

⑤ "靡不"两句：语出《诗·大雅·荡》。意谓事情往往有始，但很难有终。

译文

贞观二年（628年），太宗对身边的大臣们说："人们说做了皇帝的人就可以自认为尊贵崇高，无所畏惧了，我却认为正应该自己保持谦逊恭谨，经常心怀畏惧。从前舜帝告诫禹说：'你只要做到不矜持骄傲，天下就没有人敢和你争贤能；你只要做到不夸耀，天下就没有人敢和你争功劳。'又见《周易》上说：'人们都是厌恶骄傲自满而崇尚谦逊恭谨。'大凡做皇帝的，如果自认为尊贵崇高，不保持谦逊恭谨的话，自身倘若有所过失，谁还肯冒犯威严直言谏奏呢？我想每说一句话，每办一件事，都必定要上畏苍天，下畏群臣。苍天在上却倾听着人世间的善恶，怎么能不畏惧呢？诸位公卿大臣都在看着我，怎么能不畏惧呢？如此考虑，经常谦逊恭谨、小心畏惧，还恐怕不符合上天的旨意和百姓的心愿啊！"

魏征说："古人说：'事情往往有始，但很难有终。'希望陛下经常坚守这谦逊恭谨、小心畏惧的态度，一天比一天谨慎从事，那么国家社稷就会永远巩固，不会倾覆了。尧舜时代之所以太平，确实用的就是这个方法。"

原文

贞观三年，太宗问给事中孔颖达曰："《论语》云：'以能问于不能，以多问于寡；有若无，实若虚①。'何谓也？"

颖达对曰："圣人设教，欲人谦光②。己虽有能，不自矜大，仍就不能之人，求访能事。己之才艺虽多，犹病以为少，仍就寡少之人更求所益。己之虽有，其状若无；己之虽实，其容若虚。非惟匹庶，帝王之德，亦当如此。夫帝王内蕴神明③，外须玄默④，使深不可测，远不可知。故《易》称'以蒙养正'，'以明夷莅众'⑤。若其位居尊极，炫耀聪明，以才陵人⑥，饰非拒谏，则上下情隔，君臣道乖。自古灭亡，莫不由此也。"

太宗曰："《易》云：'劳谦，君子有终，吉⑦。'诚如卿言。"

注释

①"以能"四句：语出《论语·泰伯》。意谓有才能的人向无才能的人请教，知识多的人向知识少的人请教；有学问的像没有学问的一样，知识充实的像知识空虚的一样。

②谦光：语出《周易·谦卦》。意谓尊者谦虚而显示其光明美德。

③蕴：蕴藏。指深藏而不露。

④玄默：沉静不语。

⑤《易》称"两句：语出《周易·蒙卦》及《明夷卦》。意谓"要用蒙昧来自养正道"，"用明智来治理民众"。莅众，临于众上。指治理民众。

⑥陵人：也作"凌人"，以势压人。

⑦"劳谦"三句：语出《周易·谦卦》。意谓勤劳而谦虚的君子，有好结果，是吉利的。

译文

贞观三年（629年），太宗问给事中孔颖达说："《论语》说：'有才能的人向无才能的人请教，知识多的人向知识少的人请教；有学问的像没有学问的一样，知识充实的像知识空虚的一样。'这是什么意思？"

孔颖达回答说："圣人施行教化，是希望尊者谦逊而显示其光明美德。自己虽然有才能，也不骄傲自大，仍然要去向才能不如自己的人请教，学习他知道的事。自己的才艺虽很多，但还是怕懂得太少，仍然要去向才艺不如自己的人请教，以求得到更多的才艺。自己虽然有知识，但表现出来像没有知识一样；自己虽然很充实，但面容上显得却虚怀若谷。非但是百姓要这样，帝王的德行，也应当这样。帝王的内心里蕴藏着神明大智，但外表仍须保持沉默，使人感到深不可测，远不可知。所以《周易》说，'要用蒙昧来自养正道'，'用明智来治理民众'。如果身居最尊贵的地位，还炫耀自己的聪明，倚仗才能盛气凌人，掩饰过错，拒绝纳谏，那么上下的情况就会隔绝，君臣之道就会背离。自古以来国家的灭亡，没有一个不是由这种情况引起的。"

太宗说："《周易》说：'勤劳而谦虚的君子，有好的结果，是吉利的。'确实像你所说的那样。"

仁恻篇

原　文

贞观二年，关中旱①，大饥。太宗谓侍臣曰："水旱不调，皆为人君失德。朕德之不修②，天当责朕，百姓何罪，而多困穷！闻有鬻男女者，朕甚愍焉。"乃遣御史大夫杜淹巡检③，出御府金宝赎之④，还其父母。

注　释

①关中：指陕西渭河流域一带。

②不修：指不善、不好。

③杜淹（？～628）：字执礼，唐京兆杜陵（今陕西西安东南）人。隋时任御史中丞。王世充称帝，他在吏部任职，颇亲近用事。入唐，在秦王李世民府任文学馆学士等职。太宗时拜御史大夫，累官至吏部尚书，参与朝政。封安吉郡公。

④御府：帝王的府库。

译　文

贞观二年（628年），关中干旱，发生了大饥荒。太宗对身边的大臣们说："水旱不调和，都是因为国君缺乏道德。我德行不好，苍天应当责罚我，百姓有什么罪过，而遭受这么多困苦灾难！听说有卖儿卖女的人，我很怜悯他们。"于是派遣御史大夫杜淹巡视检察灾区，拿出皇家府库的钱财赎回那些被卖的孩子，还给他们的父母。

原 文

贞观七年，襄州都督张公谨卒①，太宗闻而嗟悼②，出次发哀③。有司奏言："准《阴阳书》云④：'日子在辰，不可哭泣。'此亦流俗所忌。"

太宗曰："君臣之义，同于父子，情发于中，安避辰日？"遂哭之。

注 释

①襄州：在今湖北襄樊。都督：古时的军事长官。张公谨（594～632年）：字弘慎，魏州繁水（今河北南乐县西北）人。初为王世充部将，后归秦王李世民。玄武门之变，公谨独闭关拒战，以功授左武卫将军。贞观初，为代州都督，置屯田以省馈运，数言时政得失。后副李靖经略突厥，上陈可取之策。及破定襄，改襄州都督，进封邹国公。

②嗟悼：哀伤悲叹。

③出次：为悼念死者而避开正寝，出郊外暂住。次，处所。

④《阴阳书》：这里指古代专门用于择日、占卜、星相、风水等书。《汉书·艺文志》列为九流之一。

译 文

贞观七年（633年），襄州都督张公谨去世，太宗闻知后哀伤悲叹，并出宫城为他发丧。有关部门上奏说："根据《阴阳书》的说法：'在辰日，不能哭泣。'这也是民间丧俗所禁忌的。"

太宗说："君臣之间的情义就同父子关系一样，哀痛发自内心，还避什么辰日？"于是前往吊丧哭悼张公谨。

原　文

贞观十九年，太宗征高丽，次定州①。有兵士到者，帝御州城北门楼抚慰之。有从卒一人病，不能进，诏至床前，问其所苦，仍敕州县医疗之，是以将士莫不欣然愿从。及大军回次柳城②，诏集前后战亡人骸骨，设太牢致祭③。亲临，哭之尽哀，军人无不洒泣。兵士观祭者，归家以言其父母，父母曰："吾儿之丧，天子哭之，死无所恨。"

太宗征辽东，攻白岩城④，右卫大将军李思摩为流矢所中⑤，帝亲为吮血，将士莫不感励。

注　释

①次：临时驻扎。定州：今河北定州。

②柳城：在今河北滦县东南。

③太牢：古代祭祀时牛、羊、豕（猪）三牲具备谓之"太牢"。太牢之祭是古代国家规格最高的祭祀大典。

④白岩城：在今辽宁辽阳东。

⑤李思摩（？～649年）：即阿史那思摩，本姓阿史那，唐时突厥贵族。贞观四年（630年），唐灭东突厥，思摩归唐，太宗嘉其诚，赐皇姓，封怀化郡王、右武卫大将军。贞观十三年（639年），改授乙弥泥孰可汗，使率原突厥一部归于黄河以北。贞观二十一年（647年）三月在长安病亡，四月，陪葬昭陵。起冢象白道山，在今礼泉县昭陵乡菜园头村北高险处。唐太宗去世后，高宗李治诏令琢诸蕃酋长十四人石像，列置在昭陵祭坛上，思摩即为其一。

译　文

贞观十九年（645年），太宗亲征高丽，驻扎在定州。只要有兵士到来，太宗都亲临州城北门楼抚慰他们。当时有一个随从的士兵生了病，不能进见，太宗就把他召到自己的床前，询问他的病情，敕令州县官给他好好治疗，所以将士们没有不心甘情愿随驾出征的。等到大军回师驻扎在柳城时，又诏令收集前后阵亡将士的骸骨，设太牢隆重祭奠。太宗亲临祭祀，为死者哀悼痛哭，全军将士无不落泪哭泣。观看祭祀的士兵回到家乡，把这件事情告诉阵亡者的父母，他们的父母说："我们的儿子战死，天子为他哭丧致哀，死了也没有什么遗憾了。"

太宗亲征辽东，攻打白岩城，右卫大将军李思摩被乱箭射中，太宗亲自替他吮血止伤，将士们没有不因此而受感动和激励的。

贪鄙篇

贞观二年，太宗谓侍臣曰："朕尝谓贪人不解爱财也。至如内外官五品以上^①，禄秩优厚，一年所得，其数自多。若受人财贿，不过数万，一朝彰露，禄秩削夺，此岂是解爱财物？视小得而大失者也。昔公仪休性嗜鱼^②，而不受人鱼，其鱼长存。且为主贪，必丧其国；为臣贪，必亡其身。《诗》云：'大风有隧，贪人败类^③。'固非谬言也。昔秦惠王欲伐蜀^④，不知其径，乃刻五石牛，置金其后。蜀人见之，以为牛能便金，蜀王使五丁力士拖牛入蜀，道成，秦师随而伐之，蜀国遂亡。汉大司农田延年赃贿三千万^⑤，事觉自死。如此之流，何可胜记！朕今以蜀王为元龟，卿等亦须以延年为覆辙也。"

①内外官：指内、外朝官。旧时朝官有内朝、外朝之分。外朝官是指以丞相为首的各官，如御史大夫和九卿等；内朝官是皇宫之内接近君主的各官，也称中朝官。

②公仪休：春秋时期鲁国的贤相。据《淮南子·道应训》载：公仪休喜欢吃鱼，有人就送鱼给他，他拒而不受。送鱼的人说："听说你喜欢吃鱼，为

什么不肯接受我送的鱼呢?"公仪休说:"正因为我喜欢吃鱼,所以更不能接受你的鱼。我现在做宰相,买得起鱼,自己可以买来吃。如果我因为接受了你送的鱼而被免去宰相之职,我自己就买不起鱼了,你难道还会再给我送鱼吗?这样一来,我还能再吃得到鱼吗?因此,我是决不能接受你送的鱼的。"

③ "大风"两句:语出《诗·大雅·桑柔》。意谓大风因隧道而生成,贪财的人败坏同类。

④ 秦惠王(公元前356~公元前311年):即秦惠文王,名嬴驷,孝公之子。公元前325年,惠文王自称为王。在位期间,任用贤能,推行法制,并不断向外拓展领土。在对关东六国作战取胜后,秦惠文王于公元前316年出兵灭蜀。蜀:我国古代先秦时期的蜀族在现今四川建立的国家,后被秦国所灭。但关于蜀国的历史在先秦文献中一直没有详细记载,直到东晋常璩在其《华阳国志·蜀志》中才记载了关于蜀国的历史和传说。

⑤ 大司农:官名。汉景帝时称大农令,武帝太初元年更名大司农。掌租税、钱谷、盐铁和国家的财政收支。为九卿之一。田延年(?~公元前72年):字子宾,西汉阳陵(今陕西高陵西南)人。初为大将军霍光长史,后任河东太守,诛杀豪强,奸邪震惧。入为大司农。宣帝即位,他以定策功封阳成(一作阳城)侯。不久,因主守盗官钱三千万,被人告发,自刎而死。

译 文

贞观二年(628年),太宗对身边的大臣们说:"我曾经说过,贪财的人是不懂得爱惜财物的。比如说当今内、外朝官员五品以上的,俸禄品秩都很优厚,一年之内所得到的,数量自然很多。如果收受别人的贿赂,也不过数万,一旦暴露出来,官职俸禄都被削夺,这哪里能算得上是懂得爱财?这是看见小的利益,却失掉了大的利益。从前,公仪休喜欢吃鱼,但他却不收别人送的鱼,所以他能长久地吃到鱼。作为一国之君要是很贪婪，必然丧失掉他的国家；作为臣子要是很贪婪，必然丧失掉他的性命。《诗经》上说：'大风因隧道而生成，贪财的人败坏同类。'这确实不是荒谬的话。从前秦惠王想征伐蜀国，不知道前往蜀国的道路，就雕刻了五头石牛，把金子放置在牛的屁股后面。蜀国人见后，以为石牛会拉出黄金来，于是蜀王派了五个大力士把石牛拖回蜀国，结果就形成了道路，秦军跟随其后而攻打了蜀国，蜀国就灭亡了。汉朝大司农田延年贪赃三千万，事发后自刎而死。类似这样的事，怎么能数得过来！我今天把蜀王作为借鉴，你们也要把田延年当做前车之鉴啊！"

原文

贞观四年，太宗谓公卿曰："朕终日孜孜，非但忧怜百姓，亦欲使卿等长守富贵。天非不高，地非不厚，朕常兢兢业业，以畏天地。卿等若能小心奉法，常如朕畏天地，非但百姓安宁，自身常得欢乐。古人云：'贤者多财损其志，愚者多财生其过。'此言可以为深诫。若徇私贪浊，非止坏公法，损百姓，纵事未发闻①，中心岂不恒恐惧？恐惧既多，亦有因而致死。大丈夫岂得苟贪财物，以害身命，使子孙每怀愧耻耶？卿等宜深思此言。"

注释

①纵：即使。

译文

贞观四年（630年），太宗对公卿大臣们说："我整天孜孜不倦，不仅仅是忧念爱惜百姓，也是想让你们能够长久地富贵。天并不是不高，地并不是不厚，然而我常常兢兢业业，是因为对天地十分敬畏。你们如果能够小心谨慎奉公守法，经常像我敬畏天地一样，不但能够使得百姓安宁，你们自身也经常能得到快乐。古人说：'贤明的人如果财产多了，就会损害

98

他们的志向；愚蠢的人如果财产多了，就会造成他们的过错。'这话可以深以为诫。如果徇私贪污，不但是破坏了国法，伤害了百姓，即使事情没有败露，心中怎能不常怀恐惧呢？恐惧多了，也有因此而导致死亡的。大丈夫怎么能够为了贪图财物而害了自身性命，使子孙后代每每为此感到惭愧羞耻呢？你们应当深刻地思考这些话。"

原 文

贞观十六年，太宗谓侍臣曰："古人云：'鸟栖于林，犹恐其不高，复巢于木末；鱼藏于泉，犹恐其不深，复穴于窟下。然而为人所获者，皆由贪饵故也。'今人臣受任，居高位，食厚禄，当须履忠正，蹈公清，则无灾害，长守富贵矣。古人云：'祸福无门，惟人所召①。'然陷其身者，皆为贪冒财利②，与夫鱼鸟何以异哉？卿等宜思此语，用为鉴诫。"

注 释

①祸福无门，惟人所召：语出《左传·襄公二十三年》。意谓祸福无定，由人自取。

②贪冒：贪图财利。

译 文

贞观十六年（642年），太宗对身边的大臣们说："古人说：'鸟栖息在树林里，还担心树木不够高，又在树梢上筑巢；鱼潜藏在泉水里，还担心水不够深，又在洞窟下做穴。但是它们仍然被人捕获，这都是因为贪食诱饵的缘故啊。'现在臣子接受任命，身居高位，享有厚禄，应当做事忠诚正直，遵循清廉无私的原则，那么就不会有灾难，能长久保持富贵。古人说：'祸福无定，由人自取。'然而那些以身犯法的人，都是因为贪图财利，这与那些鱼、鸟有什么不同呢？你们应该思考这些话，作为借鉴和告诫。"

文史篇

贞观初，太宗谓监修国史房玄龄曰："比见前、后《汉史》载录扬雄《甘泉》《羽猎》①，司马相如《子虚》《上林》②，班固《两都》等赋③，此既文体浮华，无益劝诫，何假书之史策④？其有上书论事，词理切直，可裨于政理者，朕从与不从皆须备载。"

①前、后《汉史》：即指前、后《汉书》。扬雄（公元前53～18年）：一作"杨雄"，字子云，西汉蜀郡成都（今四川成都郫县）人。西汉学者、辞赋家。少时好学，博览多识，酷好辞赋。后始游京师，经人引荐，被喜爱辞赋的成帝召入宫廷，侍从祭祀游猎，任给事黄门郎。他历成、哀、平"三世不徙官"。王莽称帝后，扬雄校书于天禄阁。后受他人牵累，即将被捕，于是坠阁自杀，未死。后召为大夫。扬雄一生悉心著述，除辞赋外，又仿《论语》作《法言》，仿《周易》作《太玄》，表述他对社会、政治、哲学等方面的思想，在思想史上有一定价值。扬雄早期以辞赋闻名，他最服膺司马相如，"每作赋，常拟之以为式"（《汉书·扬雄传》）。《甘泉》《羽猎》：扬雄的两篇赋名，是模拟司马相如《子

虚》《上林》而写的，其内容为铺写天子祭祀之隆、苑囿之大、田猎之盛，结尾兼寓讽谏之意。其用辞构思亦华丽壮阔，与司马相如赋相类，所以后世有"扬马"之称。

②司马相如（约公元前179～公元前117年）：字长卿。西汉蜀郡成都（今四川成都）人。汉代很有成就的散文名家、辞赋家。作品善于描写景物，烘托气氛，以情景交融的笔触，把人物感情的起伏跌宕写得惟妙惟肖，委婉动人，对后代的宫怨诗产生了相当大的影响。鲁迅先生对司马相如的评价最精炼，最权威："不师故辙，自摅妙才，广博宏丽，卓绝汉代。"（《汉文学史纲要》）《子虚》：赋篇名。指司马相如的《子虚赋》。赋中假设子虚、乌有先生和亡是公三个寓言人物。写

▲ 司马相如

楚臣子虚使于齐，齐王盛待子虚。畋罢，子虚访问乌有先生，遇亡是公在座。子虚讲述齐王畋猎之盛，乌有先生不服，便以齐之大海名山、异方殊类，傲视子虚。在子虚看来，齐王对他的盛情接待中流露出大国君主的自豪、自炫。他作为楚国使臣，感到这是对自己国家和君主的轻慢。使臣的首要任务是不辱君命，于是，他以维护国家和君主尊严的态度讲述了楚国的辽阔和云梦游猎的盛大规模。全篇结构宏大，辞采富丽，是汉大赋的代表作。《上林》：赋篇名。指司马相如的《上林赋》。该赋本与《子虚赋》为一篇，《文选》收录时始分为二，将前一部分题作《子虚赋》，后一部分题作《上林赋》。《上林赋》写亡是公笑子虚、乌有先生微不足道，乃大肆铺陈汉天子上林苑之宏美巨丽，天子射猎之壮观盛举，

以压倒齐、楚，表明非诸侯国所能比。文章写山泽之美，色彩斑斓，绚丽夺目；写草木之盛，千姿百态，目不暇接；写帝王生活，富丽堂皇，淋漓尽致。此赋词采富丽，气势恢弘，是描写皇家园林的最有代表性的作品。上林，指上林苑，故址在今陕西西安西及周至、户县界。它本是秦代的旧苑，汉武帝时重修并加扩大。

③班固（32～92年）：东汉史学家、文学家。扶风安陵（今陕西咸阳东北）人。父班彪也是史学家。他继承父业，续修《汉书》。又善于作赋，所写《两都赋》为汉赋名篇。公元89年，随大将军窦宪出击匈奴。后窦宪专权被杀，他受牵连，死在狱中。《两都》：赋篇名。分《西都赋》《东都赋》两篇。东汉班固作。两都，指西都长安和东都洛阳。东汉建都洛阳，"西土耆老"仍希望复都长安，班固持异议，因此作《两都赋》。赋中以主客问答方式假托"西都宾"向"东都主人"夸耀西都长安的关山之险要、官苑之广大和物产之繁盛，希望东汉皇帝驾返西都。然后又以"东都主人"责备"西都宾"安土重迁和炫耀失实，又夸耀光武建都洛阳修文德、来远人的盛况，以驳斥"西都宾"的"淫侈之论"。最后归之为应建都洛阳。《两都赋》颂扬了东汉建都洛阳和光武帝中兴汉室的功绩，体制宏大，写法上铺张扬厉，是西汉大赋的继续。《两都赋》开拓了写京都的题材，对张衡的《二京赋》和左思的《三都赋》均有影响。

④史策：即史册。策，通"册"。

译文

贞观初年，太宗对主管监修国史的房玄龄说："近来看前、后《汉书》上载录了扬雄的《甘泉赋》《羽猎赋》，司马相如的《子虚赋》《上林赋》，班固的《两都赋》等，这些文章既辞藻虚浮华丽，对于勉励劝诫人也没有什么益处，为什么还记录在史册上？如果有人上书论述政事，只要文辞中肯直率，可以裨补于国事政务的，不论我是否采纳，都要详加记载。"

原　文

贞观十一年，著作佐郎邓隆表请编次太宗文章为集①。太宗谓曰："朕若制事出令，有益于人者，史则书之，足为不朽。若事不师古，乱政害物，虽有词藻，终贻后代笑，非所须也。只如梁武帝父子及陈后主、隋炀帝②，亦大有文集，而所为多不法，宗社皆须臾倾覆。凡人主惟在德行，何必要事文章耶？"竟不许。

注　释

①著作佐郎：著作局属官。《新唐书·百官志二》云："著作局，郎二人，从五品上；著作佐郎二人，从六品上。"著作郎掌撰碑志、祝文、祭文，与佐郎分判局事，专掌史任。邓隆：相州（今河南安阳）人。贞观初，召授国子主簿，与崔仁师、慕容善行、刘觊、庾安礼、敬播俱为修史学士。后改著作佐郎，历卫尉丞。编次：按一定的次序编排。

②梁武帝父子：指南朝的梁武帝萧衍和其子萧统。梁武帝（46～549年），名萧衍，字叔达，是一个多才多艺学识广博的学者。他的政治、军事才能，在南朝诸帝中可以说是堪称翘楚；他在学术研究和文学创作上的成就，则更为突出。史书称他"六艺备闲，棋登逸品，阴阳纬候，卜筮占决，并悉称善"，"草隶尺牍，骑射弓马，莫不奇妙"。陈后主

▲ 梁武帝

（553～604年）：即陈叔宝，南朝陈皇帝。在位时大建宫室，生活奢侈，日与妃嫔、文臣游宴，制作艳词。隋兵南下时，恃长江天险，不以为意。祯明三年（589年），隋兵入建康（今江苏南京），被俘。后在洛阳病死，追封长城县公。

译文

贞观十一年（637年），著作佐郎邓隆上表请求将太宗的文章编辑成文集。太宗对他说："我制订的政策、发出的诏令，如果对人民有好处的，史书已经记载了，足以流传不朽。如果处理的事务不师法古人，扰乱国家、对百姓有害，虽然文章辞藻华丽，终究会被后代耻笑，这不是我需要的。像梁武帝父子和陈后主、隋炀帝，也都有文集，但是他们的所作所为大多不合法度，国家在短时间内就灭亡了。凡是做君主的只在于道德品行的修养，何必要从事文章的写作呢？"太宗最终没有允许编辑文集的事。

礼乐篇

原　文

太宗初即位，谓侍臣曰：“准《礼》①，名，终将讳之②，前古帝王，亦不生讳其名。故周文王名‘昌’，《周诗》云：‘克昌厥后。’春秋时鲁庄公名‘同’，十六年《经》书③：‘齐侯、宋公同盟于幽。’唯近代诸帝，皆妄为节制，特令生避其讳，理非通允，宜有改张。”

因诏曰：“依《礼》，二名义不偏讳④。尼父达圣，非无前指。近世以来，曲为节制，两字兼避，废阙已多，率意而行，有违经语。今宜依据礼典，务从简约，仰效先哲，垂法将来。其官号人名及公私文籍，有‘世’及‘民’两字不连读，并不须避。”

注　释

①准《礼》：按照《周礼》。准，按照。

②名，终将讳之：意谓人的名字，要等到他死了以后才避讳。《左传·桓公六年》云：“周人以讳事神，名，终将讳之。”意谓周代用避讳事奉神灵，人死之后，他的名字就必须避讳。封建时代为了维护等级制度的尊严，说话写文章时遇到君主或尊亲的名字都不直接说出或写出，叫做避讳。

③《经》：指《春秋》经。

④ "依《礼》"两句：意谓按照《礼记》，人名的两个字，不需要一一避讳。这里的《礼》指《礼记》。《礼记·曲礼上》云："二名不偏讳。"郑玄注："谓二名不一一讳也。孔子之母名'征在'，言'在'不称'征'，言'征'不称'在'。"

太宗即位不久，对身边的大臣们说："按照《周礼》，人的名字要等到死后才避讳，从前古代帝王的名字也不在他们生前避讳。因此周文王名'昌'，《周颂》上说：'克昌厥后。'春秋时鲁庄公名'同'，庄公十六年《春秋》经记载着：'齐侯、宋公同盟于幽。'只有近代这些帝王才都乱加限制，特意下令在其生前就要避讳，这在道理上讲不通，应当有所改变。"

于是下诏说："按照《礼记》，人名的两个字，不需要一一避讳。孔子是通达事理的圣人，以前也不是没有指出过。近代以来，不合理地加以限制，人名的两个字都要避讳，废除和空缺的字因此很多，这样轻率任意地做，有违经典的训示。现在应该依据礼法，务必遵行简约的规定，效法前朝圣人，给后世也留下可行的法则。官职、人名以及公私文书典籍中，有'世'和'民'两个字而并不连读的，都不用避讳。"

原文

又诏曰："氏族之美，实系于冠冕①。婚姻之道，莫先于仁义。自有魏失御②，齐氏云亡，市朝既迁③，风俗陵替④，燕、赵古姓，多失衣冠之绪，齐、韩旧族，或乖德义之风。名不著于州闾，身未免于贫贱，自号高门之胄，不敦匹嫡之仪⑤，问名唯在于窃赀⑥，结褵必归于富室⑦。乃有新官之辈，丰财之家，慕其祖宗，竞结婚姻，多纳货贿，有如贩鬻。或自贬家门，受屈辱于姻娅⑧；或矜其旧望，行无礼于舅姑⑨。积习成俗，迄今未已，既紊人伦，实亏名教。朕夙夜兢惕，忧勤政道，往代蠹害，咸已惩革，唯此弊风，未能尽变。自今已后，明加告示，使识嫁娶之序，务合典礼，称朕意焉。"

注释

①冠冕：这里借指仕宦官爵。我国古代社会等级森严，阶级地位的高低往往决定人的尊卑贵贱。除了衣饰之外，冠冕、巾帻也尊卑分明。

②失御：亦作"失驭"，失去驾驭。指丧失统治能力。

③市朝：本指争名逐利之所。这里泛指朝野。

④陵替：衰落，衰败。

⑤敦：遵循，遵守。匹嫡：这里指缔结婚姻。

⑥问名：旧时婚礼中六礼之一。谓男家具书托媒请问女子的名字和出生的年月日。这里泛指求亲。

⑦结褵：代称成婚。

⑧姻娅：泛指姻亲。

⑨舅姑：妻称夫之父母（俗称公婆）、夫称妻之父母（俗称岳父母）皆曰舅姑。

译文

太宗又下诏说："氏族值得赞美的地方，实际上是和官爵联系在一起的。婚姻的准则，应该先讲究仁义道德。自从北魏丧失统治能力，北齐灭亡，朝野已经变迁，风俗也已衰落，燕、赵的古姓家族，很多已经失去了官宦的地位，齐、韩的旧家大族，有的也违背了礼义的风气。他们的名字在州郡里间已经听不到了，自身也不免变得贫贱，还自吹是高门贵族的后代，不遵循婚姻的礼仪，求亲只是为了勒索财物，缔结婚约一定要寻找富裕人家。于是就有一些新做官的人和有钱的人家，羡慕那些人祖宗的名声，争相和他们结成姻亲，赠送大量的彩礼，就像买卖东西一样。有的自己降低门第，受到姻亲的污辱；有的还夸耀自己过去的门第，对公公婆婆没有礼貌。这些坏习惯已积习成俗，至今还没有停止，既紊乱了人伦，又损害了名教。我日夜战战兢兢，思索治国之道，历代的积习弊端都作了惩治和革除，只有这种坏风气还没能完全改变。从今以后，明白告示，使大家懂得嫁娶的礼仪，一定要遵守礼法，这才符合我的心意。"

原文

贞观十七年十二月癸丑，太宗谓侍臣曰："今日是朕生日，俗间以生日可为喜乐，在朕情翻成感思。君临天下，富有四海，而追求侍养，永不可得。仲由怀负米之恨[①]，良有以也。况《诗》云：'哀哀父母，生我劬劳[②]。'奈何以劬劳之辰，遂为宴乐之事！甚是乖于礼度。"因而泣下久之。

注释

①仲由怀负米之恨：仲由，字子路。孔子的学生。据《孔子家语》记载：子路生长在非常贫穷的家庭里，吃得不好，穿得也不好。他怕父母营养不够，为了让父母能吃到米饭，他要到百里之外才能买到米，背回家奉养父母。虽然是这样辛苦，但是子路甘之如饴，孝敬之心始终没有间断和停止过。后来子路发达了，环境和物质条件好了，可是他的父母已经先后过世。生活环境这么好的情况下，他很想要报答父母之恩，可是父母已经不在身边了，所以他非常的痛心。

②"哀哀"两句：语出《诗·小雅·蓼莪》。意谓哀伤我父母，生我真劳苦。

译 文

贞观十七年（643年）十二月癸丑日，太宗对身边的大臣说："今天是我的生日，民间认为生日可以高高兴兴、欢欢乐乐，而我的心情反而成了感慨和思念。当了君主，统治天下，拥有四海，想求得侍奉双亲，却永远无法做到了。子路怀有不能为父母背米的遗恨，实在有道理。况且《诗经》上说：'哀伤我父母，养育我真劳苦。'怎么能在父母劳苦的日子来举行宴会庆祝呢！这太有悖于礼仪法度了！"因此太宗哀伤哭泣了很长时间。

原 文

贞观二年，太常少卿祖孝孙奏所定新乐①。太宗曰："礼乐之作，是圣人象物设教，以为搏节②，治政善恶，岂此之由？"

御史大夫杜淹对曰③："前代兴亡，实由于乐。陈将亡也，为《玉树后庭花》④，齐将亡也，而为《伴侣曲》⑤，行路闻之，莫不悲泣，所谓亡国之音。以是观之，实由于乐。"

太宗曰："不然，夫音声岂能感人？欢者闻之则悦，哀者听之则悲。悲悦在于人心，非由乐也。将亡之政，其人心苦，然苦心相感，故闻而则悲耳。何有乐声哀怨，能使悦者悲乎？今《玉树》《伴侣》之曲，其声具存，朕当为公奏之，知公必不悲耳。"

尚书右丞魏征进曰："古人称，礼云，礼云，玉帛云乎哉？乐云，乐云，钟鼓云乎哉⑥？乐在人和，不由音调。"

注 释

①祖孝孙（？～628年）：隋唐间乐律学家。幽州范阳（今北京西）人。河北范阳祖氏家族律历算数学的传人之一。隋初开皇年间任协律郎，参定雅乐，曾奉命向陈山阳太守毛爽学习"京房律法"，亦曾建言用

"三百六十律"，未被采纳。入唐后，历任著作郎、吏部郎、太常少卿等职。武德九年（626年）唐高祖"诏太常少卿祖孝孙，协律郎窦等定乐"，至贞观二年（628年）乐成。新乐：《新唐书·乐志》曰："武德九年，乃命祖孝孙修定雅乐，而梁、陈尽吴、楚之音，周、齐杂胡戎之伎。于是斟酌南北，考以古音，作为唐乐，贞观二年奏之。"祖孝孙等所制定的新雅乐有八十四调、三十四曲、十二和。

②撙节：抑制，节制。

③杜淹：字执礼。隋时隐太山，文帝恶之，谪戍江表。秦王引为天策府曹参军，文学馆学士，侍宴，赋诗尤工，赐金钟。坐事流巂州。太宗召拜御史大夫，检校吏部尚书，参预朝政。

④《玉树后庭花》：乐府吴声歌曲名，南朝陈后主作，著名的亡国之音。歌曰："丽宇芳林对高阁，新装艳质本倾城；映户凝娇乍不进，出帷含态笑相迎。妖姬脸似花含露，玉树流光照后庭；花开花落不长久，落红满地归寂中！"歌词本是形容嫔妃们娇娆媚丽的，堪与鲜花比美竞妍，但却笔锋一转，蓦然点出"玉树后庭花，花开不复久"的哀愁意味，时人都认为是不祥之兆。陈后主君臣整日酣歌，自夕达旦，以此为常，由此亡国。

⑤《伴侣曲》：为荒嬉无度的南齐东昏侯萧宝卷（483～501年）所作。萧宝卷在位期间荒淫无道，聚敛无度，荒唐残酷，穷奢极侈，宠潘贵妃，嬉游无度。每逢出巡，必令人敲鼓清道，触犯者一律处死。大修宫室，国库殆尽。他宠爱贵妃潘玉儿，恣其所为，作《伴侣曲》，不理朝政；又凿黄金为莲花，贴放于地，令潘妃行走其上，就是著名的"步步生莲花"。他任意诛杀大臣，逼得文官告退，武将造反，京城几度岌岌可危，后终于被萧衍攻破。萧宝卷被手下所杀，萧衍掌权后，授意宣德太后剥夺

其帝号，追封为东昏侯。

⑥ "礼云" 几句：语出《论语·阳货》。

译　文

贞观二年（628年），太常少卿祖孝孙奏上他制作的新雅乐。太宗说："制礼作乐，本来是圣人取法天地的物象而施行的教化，是用来抑制人的情感的，政事的好坏，怎么跟它有关呢？"

御史大夫杜淹回答说："前朝的兴亡，的确是由于音乐。陈朝快要灭亡时创作了《玉树后庭花》，南齐快要灭亡时创作了《伴侣曲》，过路的人听到了，没有不悲哀流泪的，这就是所谓的亡国之音。从这一点看来，国家的兴亡确实与音乐有关系。"

太宗说："不是那样的，声音怎么能影响人呢？欢快的人听到就喜悦，哀愁的人听到就悲伤。欢快和哀愁存在人的心中，并不是由于音乐的影响。将要灭亡的国家，百姓的内心就会愁苦，因为受愁苦心情的影响，所以听到这种音乐就觉得悲伤。哪里有哀怨的乐声能使愉快的人悲伤呢？现在《玉树后庭花》《伴侣曲》的乐谱都还在，我能为你们演奏一番，我知道你们一定不会感到悲伤的。"

尚书右丞相魏征回答说："古人说，礼呀，礼呀，仅仅是指玉帛说的吗？乐呀，乐呀，仅仅是指钟鼓说的吗？快乐的关键是由于人内心的和睦，不是由音乐来调节的。"

务农篇

贞观二年，太宗谓侍臣曰："凡事皆须务本。国以人为本，人以衣食为本，凡营衣食，以不失时为本。夫不失时者，唯在人君简静乃可致耳①。若兵戈屡动，土木不息，而欲不夺农时，其可得乎？"

王珪曰："昔秦皇、汉武，外则穷极兵戈，内则崇侈宫室，人力既竭，祸难遂兴。彼岂不欲安人乎？失所以安人之道也。亡隋之辙，殷鉴不远，陛下亲承其弊，知所以易之。然在初则易，终之实难。伏愿慎终如始，方尽其美。"

太宗曰："公言是也。夫安人宁国，惟在于君。君无为则人乐，君多欲则人苦。朕所以抑情损欲，克己自励耳。"

①简静：谓施政不繁苛。

贞观二年（628年），太宗对身边的大臣说："凡处理事情都必须抓住根本。国家以民众为根本，民众以衣食为根本，凡经营衣食，以不失农时为根本。而不违背农时，在于国君施政不繁苛才可以达到。假若连年征

112

战，土木营建不停息，而想不挤占农事的时令，怎么可能呢？"

王珪说："从前秦始皇、汉武帝对外穷兵黩武，对内大造宫室，人力用尽，灾难随即就会发生。他们难道不想让人民安居乐业吗？只是失去了能安定人民的办法。隋朝灭亡的教训，殷鉴不远，陛下亲身承受隋朝的弊病，知道怎样去改造。然而事情开始还容易做到，要坚持到底就很难了。但愿陛下能够始终谨慎小心，才能达到最完善的境界。"

太宗说："你说得对啊。要使人民安乐国家安宁，关键在于国君。国君能够无为而治，人民就能安乐；国君贪得无厌，人民就要受苦。所以我要抑制感情、减少私欲，克制自己并进行自我勉励。"

原文

贞观五年，有司上书言："皇太子将行冠礼①，宜用二月为吉，请追兵以备仪注②。"

太宗曰："今东作方兴③，恐妨农事，令改用十月。"

太子少保萧瑀奏言："准阴阳家④，用二月为胜。"

太宗曰："阴阳拘忌，朕所不行。若动静必依阴阳，不顾礼义，欲求福佑，其可得乎？若所行皆遵正道，自然常与吉会。且吉凶在人，岂假阴阳拘忌？农时甚要，不可暂失。"

注释

①冠礼：古代男子二十岁（天子、诸侯可提前至十二岁）举行的加冠之礼，以示其成人。

②追兵：谓征召、调集军队。

③东作：谓春耕。《尚书·尧典》："寅宾出日，平秩东作。"孔传："岁起于东，而始就耕，谓之东作。"

④阴阳家：本是战国时期提倡阴阳五行说的一个学派，《汉书·艺文志》列为九流之一。后指以择日、占星、风水等迷信为业的人。

译 文

贞观五年（631年），主管官署上奏说："皇太子将举行加冠礼，应当选择二月作为吉日，请调集士兵以供各项礼仪之需。"

太宗说："现在春耕刚刚开始，恐怕妨碍农事，下令改在十月举行吧！"

太子少保萧瑀上奏说："按照阴阳家的推算，在二月举行最好。"

太宗说："阴阳禁忌，我不信奉。如果人的行动都依照阴阳禁忌去办，不考虑道德和礼义，想求得福佑，那怎么可能得到呢？如果所作所为都能遵守正道，自然能常常遇到吉利。况且吉与凶都取决于人，怎么能依靠阴阳禁忌来决定呢？农时非常重要，不可耽误片刻。"

原 文

贞观十六年，太宗以天下粟价率计斗直五钱，其尤贱处，计斗直三钱，因谓侍臣曰："国以民为本，人以食为命，若禾黍不登①，则兆庶非国家所有。既属丰稔若斯②，朕为亿兆人父母，安得不喜？唯欲躬务俭约，必不辄为奢侈。朕常欲赐天下之人，皆使富贵。今省徭薄赋，不夺其时，使比屋之人。恣其耕稼，此则富矣。敦行礼让，使乡闾之间，少敬长，妻敬夫，此则贵矣。但令天下皆然，朕不听管弦，不从畋猎，乐在其中矣！"

注 释

①不登：指粮食歉收。登，粮食成熟。

②丰稔：丰熟，丰收。

译 文

　　贞观十六年（642年），太宗因为全国大多数地方粮价每斗值五枚钱，最便宜的地方，一斗只值三枚钱，于是对身边的大臣说："国家以民众为根本，民众把粮食视为生命，如果粮食歉收，那么亿万百姓就不属于国家所有了。而今粮食如此丰足，我作为亿万百姓的父母，怎会不高兴呢？只想以身作则，厉行节约，一定不随意奢侈挥霍。我时常想赏赐天下百姓以恩惠，都让他们富贵起来。如今省除徭役租赋，不要占用他们的耕作时间，使家家户户的农民都能尽心耕耘收获，这样家家就能富足了。督促他们实行礼义谦让，使邻里乡亲之间年少的尊敬年长的，妻子尊敬丈夫，这样百姓就能尊贵了。只要能使天下都成为这样，我不听音乐，不去畋猎，也会乐在其中啊！"

刑法篇

贞观元年，太宗谓侍臣曰："死者不可再生，用法须务在宽简。古人云，鬻棺者欲岁之疫，非疾于人，利于棺售故耳。今法司覈理一狱①，必求深劾，欲成其考课②。今作何法，得使平允？"

谏议大夫王珪进曰："但选公直良善人，断狱允当者，增秩赐金，即奸伪自息。"诏从之。

太宗又曰："古者断狱，必讯于三槐、九棘之官③，今三公、九卿即其职也。自今以后，大辟罪皆令中书、门下四品已上及尚书九卿议之④，如此，庶免冤滥。"由是至四年，断死刑，天下二十九人，几致刑措⑤。

①覈理：审理。

②考课：按一定的标准对官吏的政绩进行考核，以决定其升降赏罚。

③三槐、九棘：相传，周代宫廷外种槐树三棵，荆棘九株。百官朝见天子之时，三公面对槐树而立，九卿面对荆棘而立。后世便以"三槐"代指三公一类官职，"九棘"代指九卿百官。

④大辟：古代杀头的死刑。

⑤刑措：也作"刑错"或"刑厝"，指置刑法而不用。

译文

贞观元年（627年），太宗对身边的大臣说："人死了就不可能再活，因此执法务必宽大简约。古人说，卖棺木的人希望每年都发生瘟疫，并不是他对人们仇恨，只是因为瘟疫有利于棺木出售罢了。现在司法部门审理一件狱案，总想把案子办得严峻苛刻，用这种手段来完成考核成绩。现在用什么办法，才能使得办案公平恰当呢？"

谏议大夫王珪说："只管选择公正善良的人才，判案公允的人就增加俸禄，赏赐金帛，奸诈邪恶自然就会停止。"太宗下诏照办。

太宗又说："古时候审案，一定要询问三槐、九棘这些官员，现今的三公、九卿就相当于这样的职务。从今以后，杀头的死刑都要让中书省、门下省四品以上官员以及尚书九卿等共同议决，这样才能避免冤案和滥用刑罚。"从这时到贞观四年（630年），判为死刑的全国只有二十九人，刑罚几乎都快要搁置不用了。

原文

蕴古，初以贞观二年自幽州总管府记室兼直中书省，表上《大宝箴》①，文义甚美，可为规诫。其词曰：

"今来古往，俯察仰观；惟辟作福②，为君实难。宅普天之下，处王公之上；任土贡其所有③，具僚和其所唱④。是故恐惧之心日弛，邪僻之情转放。岂知事起乎所忽，祸生乎无妄⑤。固以圣人受命，拯溺亨屯⑥；归罪于己，推恩于民，大明无偏照，至公无私亲，故以一人治天下，不以天下奉一人。礼以禁其奢，乐以防其佚。左言而右事，出警而入跸⑦。四时调其惨舒⑧，三光同其得失⑨。故身为之度，而声为之律。勿谓无知，居高听卑；勿谓何害，积小成大。乐不可极，极乐生哀；欲不可纵，纵欲成灾。壮九重于内⑩，所居不过容膝；彼昏不知，瑶其台而琼其室⑪。罗八珍于前⑫，所食不过适口；惟狂罔念，丘其糟而池其酒⑬。勿内荒于色⑭，勿外荒于禽；勿贵难得之货⑮，勿听亡国之音。内荒伐人性，外荒荡人心；难得之物侈，亡国之声淫。勿谓我尊而傲贤侮士，勿谓我智而拒谏矜己。闻之夏后⑯，据馈频起⑰；亦有魏帝，牵裾不止⑱。安彼反侧，如春阳秋露；巍巍荡荡，推汉高大度⑲。抚兹庶事，如履薄临深；战战栗栗，用周文小心⑳。

注释

①《大宝箴》：《周易·系辞下》说："天地之大德曰'生'，圣人之大宝曰'位'。"后通常以"大宝"指帝位。箴，一种用以规谏劝诫的文体。

②辟：指君主。《汉书·五行志》注："辟，天子也。"

③任土：依据土地的具体情况。

④具僚：亦作"具寮"，指百官。

⑤无妄：意外。

⑥亨屯：谓解救困厄，使困苦的人通达。

⑦出警而入跸：古代天子出称"警"，入称"跸"。意谓帝王出入时肃清道路，禁止行人。

⑧惨舒：汉张衡《西京赋》："夫人在阳时则舒，在阴时则惨，此牵乎天者也。"后以"惨舒"指心情忧郁或舒畅。

⑨三光：古时指日、月、星。《白虎通·封公侯》："天有三光日月星，地有三形高下平。"

⑩九重：指九重宫阙，帝王居处。

⑪瑶其台而琼其室：玉砌的楼台宫室。泛指华丽的宫廷建筑物。相传

暴君桀作瑶台，纣作琼室。瑶、琼，泛指美玉。

⑫八珍：泛指珍馐美味。

⑬丘其糟而池其酒：相传暴君桀、纣以酒为池，酒糟为堤。此为批评昏君瑶台琼室、丘糟池酒的荒淫腐化生活。

⑭荒：迷乱，放荡。这里指沉迷。

⑮勿贵难得之货：意谓不要看重那些难得的宝物。《老子》曰："难得之货，令人行妨。"

⑯夏后：即夏禹。

⑰据馈频起：指吃一次饭要频繁地站起好几次，形容事务繁忙。传说夏禹为了接待前来访问的人，经常是"一馈而十起，一沐三握发"（吃一顿饭站起来十次，洗一次头发三次手握湿发同人谈话），决不慢待来访的人。这个故事，虽然是传说，但是反映了夏禹的为人勤政的精神和人民的愿望。后被借用到很多人身上。馈，吃饭。

⑱牵裾：牵拉着衣襟。借指直言极谏。三国时魏文帝曹丕要从冀州迁十万户去充实河南，群臣上谏不听。辛毗再去谏，曹丕不答而入内，辛毗拉住他的衣裾直言极谏。后来魏文帝终于减去五万户。事见《三国志·魏书·辛毗传》。

⑲汉高大度：《史记·高祖本纪》云："仁而爱人，喜施，意豁如也。常有大度，不事家人生产作业。"汉高，指汉高祖刘邦。

⑳周文小心：周文王谨慎小心。语出《诗·大雅·大明》，云："维此文王，小心翼翼。"周文，指周文王。

译 文

张蕴古，当初在贞观二年（628 年）时任幽州总管府记室兼中书省的职务，向太宗呈奏《大宝箴》，文辞和意义都很好，可以作为对君主的规

劝警戒。其文章说:

"古往今来,上下观察,只有君主作威作福,但作为君主也确实很难。居普天之下,处王公之上;根据土地的具体情况有权要求贡献其所有,百官同声附和君主的旨意。所以恐惧的心思日渐松弛,邪恶不正的情欲则日渐放纵。哪里知道事变往往发生在人所忽略的时候,灾祸往往发生在意料之外。本来让帝王承受天命,就是拯救万民于水火之中,使处于危难的人能够亨通;过错归罪于自己,恩德施给予百姓,最光明的日月不会偏照,大公无私的人不会私亲,所以用一个人治理天下,而不是用天下侍奉一个人。用礼制来禁止帝王的奢侈,用音乐来防止帝王的放荡。左史记载帝王的言论,右史记载帝王的行为;帝王出入时肃清道路,禁止路人通行。春夏秋冬调节帝王的喜怒哀乐,日月星辰共享帝王的成败得失。所以用自身为法度,用声音为钟律。不要说不知道,处在高位要了解下情;不要说没有祸害,积累小害可以成为大祸害。享乐不可达到极点,乐极生悲;情欲不可放纵,纵欲成灾。在官内大肆营造九重官殿,所居住的不过是很小的一部分;那些昏君不明白这个道理,竟用美玉来修筑亭台楼阁。面前陈列着珍馐美味,所吃的不过是适合口味的一小部分;而一味放纵不知节制的君王,过着丘糟池酒的荒淫生活。在内不要沉迷于美色,在外不要沉迷于狩猎;不要看重那些难得的宝物,不要欣赏亡国的音乐。在内沉迷于美色就会戕害人性,在外沉迷于田猎就会扰乱人心;贪图难得的宝物是奢侈,迷恋亡国的音乐是淫泆。不要自以为尊贵就傲视贤良,侮辱有才能的人士;不要自以为聪明就拒绝规谏,自傲自矜。听说夏禹在吃一次饭之间也要频繁站起好几次,事务十分繁忙;又听说魏文帝被谏臣扯着衣袖不放,而终于采纳了谏劝建议。安抚那些心怀猜疑的人,要像春天的阳光和秋天的露水那样温润;胸怀宽广,要像汉高祖那样豁达大度。处理政事,要像脚踏薄冰、面临深渊那样谨慎；战战兢兢，就像周文王那样小心。"

原 文

"《诗》云：'不识不知①。'《书》曰：'无偏无党②。'一彼此于胸臆，捐好恶于心想。众弃而后加刑，众悦而后命赏。弱其强而治其乱，伸其屈而直其枉。故曰：如衡如石③，不定物以数，物之悬者，轻重自见；如水如镜，不示物以形，物之鉴者，妍媸自露④。勿浑浑而浊，勿皎皎而清；勿汶汶而暗⑤，勿察察而明。虽冕旒蔽目而视于未形⑥；虽黈纩塞耳而听于无声⑦。纵心乎湛然之域，游神于至道之精。扣之者，应洪纤而效响⑧；酌之者，随浅深而皆盈。故曰：天之清，地之宁，王之贞⑨。四时不言而代序，万物无为而受成；岂知帝有其力，而天下和平。吾王拨乱，戡以智力⑩；人惧其威，未怀其德。我皇抚运，扇以淳风；民怀其始，未保其终。爰述金镜，穷神尽性。使人以心，应言以行。包括理体，抑扬辞令。天下为公⑪，一人有庆⑫，开罗起祝⑬，援琴命诗⑭。一日二日，念兹在兹。惟人所召，自天祐之。争臣司直⑮，敢告前疑。"

太宗嘉之，赐帛三百段，仍授以大理寺丞。

注 释

①不识不知：语出《诗·大雅·皇矣》。意谓没有多少知识。旧喻民风淳朴。

②无偏无党：语出《尚书·洪范》。意谓不偏私，不阿党。

③衡、石：泛指称重量的器物。衡，秤。石，古代重量单位，一百二十斤为一石。

④妍媸：美好和丑恶。

⑤汶汶：昏暗不明的样子。

⑥冕旒：古代大夫以上的礼冠。顶有延，前后有旒，故曰"冕旒"。

旒，古代皇帝礼帽前后的玉串。天子之冕冠的前后悬垂着玉串十二旒，诸侯九，上大夫七，下大夫五。取目不视恶之意。见《周礼·夏官·弁师》。

⑦黈纩：黄绵所制的小球。悬于冠冕之上，垂两耳旁，以示不欲妄听是非。

⑧洪纤：大小，巨细。

⑨天之清，地之宁，王之贞：语出《老子》，云："天得一以清，地得一以宁……侯王得一以正。"意谓天有道就清明，地有道就安宁，国君有道天下就公正。"一"指"道"，是一种社会性的意识，是人们共同遵循的行为准则和规范。贞，通"正"。

⑩戡：用武力取胜。

⑪天下为公：原指君位不为一家私有，后变为一种美好的社会政治理想。语出《礼记·礼运》，云："大道之行也，天下为公。"

⑫一人有庆：语出《尚书·吕刑》，云："一人有庆，兆民赖之，其宁惟永。"注云："一人：天子也。庆：善也。"孔传："天子有善，则兆民赖之，其乃安宁长久之道。"常用为歌颂帝王德政之词。

⑬开罗起祝：意谓像商汤网开三面那样祝告禽兽逃生。见《史记·殷本纪》。

⑭援琴命诗：指舜帝操五弦琴，歌《南风》之诗。意谓如舜帝弹琴颂诗那样教化百姓。

⑮争臣：通"诤臣"，谏诤之臣。

译　文

"《诗经》上说：'没有多少知识，却遵守上帝的法则。'《尚书》上说：'不偏私，不阿党。'国君在胸中要一律平等待人，在心中要抛弃个人好恶。众人都唾弃的就加以惩罚，众人都赞扬的就加以奖赏。使强暴的势力削弱，使混乱的局面得到治理；使冤屈的得以昭雪，使诬枉的得以纠正。所以说：就像秤和石一样，它并不能确定物体的数量，但悬挂上去的东西，其轻重自然显示；就像清水和铜镜一样，它并不显示物体的形状，但是照到的东西，其美丑自然会显露。不要以浑沌不清为污浊，不要以洁白无尘为清明；不要以昏暗不明为愚昧，不要以严苛细察谓精明。虽然冕冠上的旒珠遮住了双目，但仍能够看出没有暴露的事情；虽然冕冠旁的黈纩挡住了耳朵，但仍能够听到没有发出的声响。思想驰骋在清澈明净的境界，精神遨游在大道精华之中。敲击的乐器，随敲击的轻重而发出相应的回响；盛酒的器皿，随酒杯的深浅而各自盈满。所以说：天有道就清明，地有道就安宁，国君有道天下就公正。四季不语而按时更替，万物无为而自然成长；哪里知道帝王有统治威力，而使天下太平安定。陛下拨乱反正，以智慧和武力取胜；百姓只惧怕陛下的威严，却未能感念陛下的恩德。陛下掌握着国家的命运，倡导敦厚纯朴的风气；百姓感怀良好的开端，但还未能保持到最终。于是陈述清明治道，显示陛下洞察一切。用诚心役使百姓，用行动履行诺言。原则与义理要面面俱到，语言辞令要加以褒贬。天下为公，皇帝要有美好的德行。像商汤网开三面那样祝告禽兽逃生，如舜帝弹琴颂诗那样教化百姓。一天又一天，念念不忘这些事。祸福由人自召，上天择善护佑。谏诤之臣的职责在于直言规劝，臣大胆奏告上前面的疑虑。"

太宗称赞他这些意见，赐给他绢帛三百段，并授任他为大理寺丞。

贞观十一年，特进魏征上疏曰：

"臣闻《书》曰：'明德慎罚①'，'惟刑恤哉②！'《礼》云：'为上易事，为下易知，则刑不烦矣。上人疑则百姓惑，下难知则君长劳矣③。'夫上易事，则下易知，君长不劳，百姓不惑。故君有一德，臣无二心，上播忠厚之诚，下竭股肱之力，然后太平之基不坠，'康哉'之咏斯起④。当今道被华戎⑤，功高宇宙，无思不服⑥，无远不臻⑦。然言尚于简文⑧，志在于明察，刑赏之用，有所未尽。夫刑赏之本，在乎劝善而惩恶，帝王之所以与天下为画一，不以贵贱亲疏而轻重者也。今之刑赏，未必尽然。或伸屈在乎好恶，或轻重由乎喜怒。遇喜则矜其情于法中，逢怒则求其罪于事外。所好则钻皮出其毛羽，所恶则洗垢求其瘢痕。瘢痕可求则刑斯滥矣，毛羽可出则赏典谬矣。刑滥则小人道长，赏谬则君子道消。小人之恶不惩，君子之善不劝，而望治安刑措，非所闻也。

注释

①明德慎罚：语出《尚书·康诰》。西周的立法指导思想之一。所谓明德，就是提倡尚德、敬德，它是慎罚的指导思想和保证。所谓慎罚，就是刑罚适中，不乱罚无罪，不乱杀无辜。

②惟刑恤哉：语出《尚书·舜典》。意谓量刑时要有悯恤之意，使刑罚轻重适中。恤，怜悯，体恤。

③"为上"五句：语出《礼记·缁衣》。

④"康哉"之咏：相传虞舜时天下大治，作歌颂之，其臣皋陶赓续而歌："庶事康哉！"

⑤华戎：指天下百姓。华，指华夏民族。戎，指西方少数民族。

⑥无思不服：语出《诗·大雅·文王》。意谓没有谁不想归服的。

⑦臻：至，达到。

⑧简文：选择美好的文辞。简，通"柬"，选择。

贞观十一年（637年），特进魏征上奏章说：

"臣看到《尚书》上说：'提倡尚德，刑罚适中'，'量刑时要有悯恤之意！'《礼记》上说：'国君容易侍奉，臣子就容易了解旨意，刑罚就不会太烦琐庞杂。国君犹疑不定，百姓就会觉得迷惑；臣子难以了解旨意，国君就会操劳疲惫。'国君容易侍奉，臣子容易了解旨意，那么国君就不用烦心操劳，百姓也就不迷惑；因此国君有纯一的美德，臣子就没有二心；国君广布忠厚的诚意，臣子就会竭尽辅佐的力量，然后国家太平的根基就不会动摇，欢唱天下大治的歌咏就会兴起。当今陛下仁德覆盖了天下的百姓，功勋高过宇宙，没有谁不想归服的，没有哪个边远的地方是达不到的。然而在语言上崇尚选择美好的文辞，心志却在苛察烦琐小事，惩罚和赏赐的施行，还有不尽如人意之处。刑罚赏赐的根本，在于鼓励美善而惩治罪恶，帝王使用的刑罚和赏赐之所以天下一致，就在于不能因为亲疏贵贱而改变刑赏的轻重。如今施行的惩罚和赏赐，却未必都是这样。有的因自己的好恶来决定刑赏或伸或屈，有的因自己的喜怒来决定刑赏的轻重。遇到高兴时就在法律中寻求情有可原之处，遇到发怒时就到事实之外去寻找其罪过。对待喜爱的人就会钻开肉皮去寻找羽毛，极力为他开脱；对待憎恶的人就会洗净灰垢去寻找疤痕，极力对他挑剔。疤痕是可以找到的，但惩罚就会因此被滥用了；羽毛是可以找出的，但赏赐就会因此而变得荒谬。滥用惩罚，小人的胡作非为就会增多；赏赐荒谬，君子的正确主张就会损害。小人的罪恶不惩罚，君子的美善不勉励，而希望国家安宁、刑罚停止不用，臣下还没有听说过。

"且夫暇豫清谈，皆敦尚于孔、老[①]；威怒所至，则取法于申、韩[②]。直道而行，非无三黜[③]，危人自安，盖亦多矣。故道德之旨未弘，刻薄之风已扇④。夫刻薄既扇，则下生百端，人竞趋时，则宪章不一。稽之王度⑤，实亏君道。昔州犁上下其手⑥，楚国之法遂差；张汤轻重其心⑦，汉朝之刑以弊。以人臣之颇僻，犹莫能申其欺罔，况人君之高下，将何以措其手足乎！以睿圣之聪明，无幽微而不烛⑧，岂神有所不达，智有所不通哉？安其所安，不以恤刑为念；乐其所乐，遂忘先笑之变⑨。祸福相倚，吉凶同域，惟人所召，安可不思？顷者责罚稍多，威怒微厉，或以供帐不赡，或以营作差违，或以物不称心，或以人不从欲，皆非致治之所急，实恐骄奢之攸渐⑩。是知'贵不与骄期而骄自至，富不与侈期而侈自至'，非徒语也。

注释

①孔、老：即孔子、老子。指孔子的儒家王道学说和老子的无为思想。

②申、韩：即申不害和韩非。指他们所代表的战国时期法家思想。

③三黜：指多次被罢官。形容宦途不顺。

④扇：炽盛，旺盛。

⑤稽：考核，衡量。

⑥州犁上下其手：比喻玩弄手法，串通作弊。州犁，即伯州犁，晋国人。斗伯比后裔，伯宗之子。春秋时期晋国大夫、楚国太宰。据《左传·襄公二十六年》记载：公元前547年楚国攻打郑国，楚大夫穿封戌俘虏了郑将皇颉，楚康王的弟弟公子围欲抢夺战功，就与穿封戌争执起来。伯州犁为了偏袒公子围，于是叫俘虏皇颉作证，让皇颉立于庭中，让公子围和穿封戌立于皇颉对面。伯州犁采用"上下其手"的暗示法向皇颉暗示了应该说是公子围擒获了他。皇颉对伯州犁的暗示心领神会，作为楚国战俘，他急于求释，为讨好楚国当权者，他只好顺着伯州犁的暗示作了回

答，最后果然得到了宽赦。

⑦张汤轻重其心：意谓张汤经常揣摸皇上的意图，常以皇帝意旨为治狱准绳。张汤（？～公元前115年），西汉杜陵（今陕西西安东南）人。西汉武帝时期名臣。《汉书》记载其起于书史，曾为长安吏、茂陵尉、侍御史，后迁升御史大夫，位至三公。他用法主张严峻，但常揣摸皇上的意图，还以《春秋》之义加以掩饰。

⑧烛：照耀。引申为察见。

⑨先笑之变：指命运的变化。先笑，语出《周易·同人》："九五，同人。先号咷而后笑，大师克相遇。"后以"先笑后号"指命运先吉后凶。南朝梁刘孝标《辩命论》云："然命体周流，变化非一，或先号后笑，或始吉终凶。"

⑩攸：所。

译 文

"悠闲清谈的时候，都崇尚孔子和老子的学说；到逞威发怒之时，就采用申不害和韩非的思想。做事正直的人往往被多次撤职，损人利己而求得自安的人也就越来越多。所以道德的宗旨没有弘大，刻薄的风气却炽盛起来。刻薄的风气炽盛之后，社会就弊端百出，人人竞相趋赶时尚，于是典章制度就无法统一。用古代圣王的德行风度来衡量，实在有损君王的德业。过去伯州犁玩弄手法，串通作弊，于是楚国的法令就混乱了；张汤依据自己的心意决定量刑的轻重，于是汉朝的刑律也就遭到破坏。由于臣子的邪僻，欺骗蒙蔽尚且不能揭露，更何况国君再任意轻重高下国法，那么百姓将会更加手足无措！凭皇上这样的圣明，没有什么隐微的地方不被察觉，难道还有考虑不周、认识不到的吗？安于天下太平，就会不再考虑慎重刑罚之事；自得其乐，就会忘记命运可能先吉后凶的变化。祸与福相辅相成，吉和凶是相连相接的，它们的到来完全是由于个人的招引，怎么可以不考虑呢？近来陛下责罚的人渐渐增多，发怒逞威也渐渐严厉，有时是因为供给的东西不充裕，有时是因为营造的宫室不如意，有时是因为使用的物品不称心，有时是因为下面的人不听从命令，但这些都不是治理国家的当务之急，着实让人担忧因此滋长起骄纵奢侈来。由此可知，'尊贵不以骄傲为警戒而骄傲自然来到，富裕不以奢侈为警戒而奢侈自然来到'，这不是一句空话啊！

原文

"夫鉴形之美恶，必就于止水①；鉴国之安危，必取于亡国。故《诗》曰：'殷鉴不远，在夏后之世。'又曰：'伐柯伐柯，其则不远②。'臣愿当今之动静，必思隋氏以为殷鉴，则存亡治乱，可得而知。若能思其所以危，则安矣；思其所以乱，则治矣；思其所以亡，则存矣。知存亡之所在，节嗜欲以从人，省游畋之娱，息靡丽之作③，罢不急之务，慎偏听之怒。近忠厚，远便佞，杜悦耳之邪说，甘苦口之忠言。去易进之人，贱难得之货，采尧、舜之诽谤④，追禹、汤之罪己⑤，惜十家之产，顺百姓之心。近取诸身，恕以待物，思劳谦以受益⑥，不自满以招损。有动则庶类以和，出言而千里斯应⑦，超上德于前载，树风声于后昆⑧。此圣哲之宏规，而帝王之盛业，能事斯毕，在乎慎守而已。

注释

①止水：静止的水。

②"伐柯"两句：语出《诗·豳风·伐柯》。第一个"柯"指伐木头用的斧头。第二个"柯"指被伐的木头，即枝柯，用来做斧柄。则，法则，方法。意谓用斧子去砍树做斧柄，不用去远处找图纸或样子，就

在手边。所以"以人治人"的方法，不用去问别人，就拿自己做标准好了。

③靡丽：奢侈华丽。

④尧、舜之诽谤：相传尧、舜设在路旁立诽谤木牌，让人们写上谏言。诽谤，引以为谏言。《史记·孝文本纪》也云："古之治天下，朝有进善之旌，诽谤之木，所以通治者而来谏者。"

⑤罪己：引咎自责。《左传·庄公十一年》记载："禹汤罪己，其兴也勃。"后世帝王在天灾人祸时，往往颁发引咎自责的诏书（罪己诏）。

⑥劳谦：勤勉谦虚。

⑦出言而千里斯应：意谓只要一说话，千里之外都会相应。《周易大传》云："其出言善，则千里之外应之；其出言不善，则千里之外违之。"

⑧后昆：后代。

译 文

"观察容貌的美丑，一定要在静止的水面上；借鉴国家的安危，一定要以灭亡的国家作为教训。所以《诗经》上说：'殷朝用作鉴戒的历史并不遥远，就在于夏朝之世。'又说：'用斧子去砍树做斧柄，不用去远处找图纸或样子，就在手边。'臣希望朝廷的一切举动，一定要考虑以隋朝的灭亡作为借鉴，那么存亡治乱就可得而知。如果能思考隋朝之所以危亡的原因，那么国家就更安稳了；如果能思考隋朝之所以混乱的原因，那么国家就能得以治理了；如果能思考隋朝之所以灭亡的原因，那么国家就能得以保全了。知道了存亡的关键所在，就要节制自身的嗜好和欲望而顺从众人，减少游猎的娱乐，停建奢侈华丽的宫室，停办不急需的事情，谨慎戒除偏听时的发怒。亲近忠诚善良的人，疏远阿谀谄媚的人，杜绝悦耳的邪僻之说，喜欢苦口的规劝忠言。罢去苟且取进的人，看轻难以得到的宝物，采取尧、舜竖立诽谤木牌的方法，效法禹、汤归罪于自己的作风，爱惜人民的财产，顺应百姓的心意。就近从自身做起，以宽恕之心待人，想到勤谨谦虚能得到益处，不要骄傲自满而招来损害。这样的话，一旦有所行动，天下百姓就会一齐响应；只要一说话，千里之外都会唱和；就能超越前朝有高尚道德的帝王，树立高尚的风格声望给后人。这是圣人前哲的宏大规划，是帝王的伟大事业，能够完全做到这些事，就在于谨慎自持而已。

原文

"夫守之则易，取之实难。既能得其所以难，岂不能保其所以易？其或保之不固，则骄奢淫泆动之也。慎终如始，可不勉欤！《易》曰：'君子安不忘危，存不忘亡，治不忘乱，是以身安而国家可保也。'诚哉斯言，不可以不深察也。伏惟陛下欲善之志，不减于昔时，闻过必改，少亏于曩日。若以当今之无事，行畴昔之恭俭①，则尽善尽美矣，固无得而称焉②。"

太宗深嘉而纳用。

注释

①畴昔：往昔，从前。

②称：相当，匹敌。

译文

"守住国家社稷是容易的，但取得国家社稷是艰难的。既然能够取得困难的，怎会还不能保全容易的？如果有时不能牢牢地保住，那就是因为骄傲奢侈、荒淫放纵动摇了的缘故。要像开始时那样谨慎直到最后，怎能不时刻努力呢！《易经》上说：'君子在安逸的时候不能忘记危险，在存在的时候不能忘记覆亡，在太平的时候不能忘记动乱，因此自身平安而国家就能长治久安。'这句话说得很真实，不能不认真思考。臣看到陛下向往美善的愿望，并没有比过去减少，但闻过必改的作风，稍微比从前差了一点。如果利用如今天下太平的时机，厉行往昔的恭敬俭约，那就尽善尽美了，就没有什么人能和陛下相匹敌了。"

太宗很赞赏这番话，并且采纳了这些意见。

原 文

贞观十六年，太宗谓大理卿孙伏伽曰[①]："夫作甲者欲其坚，恐人之伤；作箭者欲其锐，恐人不伤，何则？各有司存[②]，利在称职故也。朕尝问法官刑罚轻重，每称法网宽于往代。仍恐主狱之司利在杀人，危人自达[③]，以钓声价。今之所忧，正在此耳！深宜禁止，务在宽平。"

注 释

①孙伏伽（？～658年）：唐贝州武城（今河北清河）人。隋大业末，从大理寺史累补万年县法曹。入唐，上书言事，望高祖以隋炀帝为戒，开直言之路，废止奢侈逸乐之举，被擢为治书侍御史。及平王世充、窦建德，复请宽贷二人所部。贞观初，转大理少卿，亦以直言著名。后为大理卿，出为陕州刺史。永徽五年（654年），以年老致仕。

▲ 孙伏伽

②司存：执掌，职责。

③自达：使自己显达。

译文

　　贞观十六年（642年），太宗对大理卿孙伏伽说："制造铠甲的人希望铠甲坚固，担心人受伤；制作弓箭的人希望箭矢锋利，唯恐人不受伤，为什么呢？这是因为他们各有执掌的职责，有利于他能胜任所担当的职务的缘故。我曾经询问过法官执行刑罚轻重的情况，他们总是说刑罚比过去的朝代宽大。我仍然害怕主管刑案的官署为追求自己的利益而滥施杀刑，用危害他人的手段来使自己显达，沽名钓誉。现在我所忧虑的正在这里啊！应大力加以禁绝，用刑务必宽大公平。"

赦令篇

　　贞观七年，太宗谓侍臣曰："天下愚人者多，智人者少。智者不肯为恶，愚人好犯宪章。凡赦宥之恩^①，惟及不轨之辈。古语云：'小人之幸，君子之不幸。''一岁再赦，善人喑哑^②。'凡养稂莠者伤禾稼^③，惠奸宄者贼良人^④。昔'文王作罚，刑兹无赦^⑤，又蜀先主尝谓诸葛亮曰^⑥：'吾周旋陈元方、郑康成之间^⑦，每见启告理乱之道备矣，曾不语赦。'故诸葛亮理蜀十年不赦，而蜀大化。梁武帝每年数赦，卒至倾败。夫谋小仁者，大仁之贼，故我有天下已来，绝不放赦。今四海安宁，礼义兴行，非常之恩，弥不可数。将恐愚人常冀侥幸，惟欲犯法，不能改过。"

①赦宥：宽恕，赦免。

②喑哑：谓沉默不语。

③稂莠：稂和莠，都是形状像禾苗而妨害禾苗生长的杂草。这里比喻坏人。

④奸宄：亦作"奸轨"，指违法作乱的人。

⑤文王作罚，刑兹无赦：语出《尚书·康诰》。意谓文王创制刑罚，

对有罪的人严加惩治，不轻易赦免。无赦，不宽免罪罚。

⑥蜀先主：即刘备。东汉末，刘备即帝位于蜀，是为先主。

⑦周旋：引申为交际应酬。陈元方：即陈纪，字元方。东汉末名士。郑康成：即郑玄，字康成，北海高密（今山东高密）人。东汉末年的经学大师。他对儒家经典的注释，长期被封建统治者作为官方教材，收入九经、十三经注疏中，对于儒家文化乃至整个中国文化的流传作出了相当重要的贡献。

译 文

贞观七年（633年），太宗对身边的大臣说："天下愚昧的人多，聪明的人少。聪明的人是不会作恶的，愚昧的人却常常触犯法令。大凡宽恕赦免的恩典，涉及的只是那些图谋不轨的愚昧的人。古话说：'小人的幸运，就是君子的不幸。''一年之内发布几次大赦令，善良的人就会沉默不语。'凡是长着稂莠杂草的地方就会伤害禾苗的生长，给违法作乱的人施恩就会伤害善良的人。从前，'文王创制刑罚，对有罪的人不轻易赦免'。还有蜀汉先主刘备曾对诸葛亮说：'我经常和陈元方、郑康成交际应酬，常听到他们谈论全备的治国办法，却从来没有听到讲实行赦令的。'所以诸葛亮治理蜀国十年中从不实行大赦，而蜀国却得到大治。梁武帝每年都大赦好几次，最终却导致倾覆败亡。施小恩小惠往往会损害仁义之本，所以我自从统治天下以来，绝不发布赦免令。现在天下太平，礼义盛行，特别的恩典多得不可胜计。我担心愚昧的人常寄希望于侥幸，只想犯法遇赦，却不去改正过错。"

原 文

贞观十年，太宗谓侍臣曰："国家法令，惟须简约，不可一罪作数种条格。格式既多①，官人不能尽记，更生奸诈。若欲出罪即引轻条②，若欲入罪即引重条③。数变法者，实不益道理，宜令审细，毋使互文④。"

①格式：唐代法律的文本形式。格，是规定官吏的办事规则；式，是规定官署通用的文件程式。格、式创始于东魏、西魏。

②出罪：开脱罪责。

③入罪：加重罪责。

④互文：指互有歧义的条文。

译 文

贞观十年（636年），太宗对身边的大臣说："国家法令，必须制订得简明，不应该一种罪有几种条款。格式繁多了，官吏就不能全都记下来，更容易发生奸诈。如果想开脱罪责就援引轻判的条款，如果想加重罪责就援引重判的条款。一再变更法令，实在无益于刑理，应该仔细审定法令，不要让法律条款产生歧义。"

原 文

贞观十一年，太宗谓侍臣曰："诏令格式①，若不常定则人心多惑，奸诈益生。《周易》称'涣汗其大号②'，言发号施令，若汗出于体，一出而不复入也。《书》曰："慎乃出令，令出惟行，弗为反③。'且汉祖日不暇给④，萧何起于小吏⑤，制法之后，犹称画一。今宜详思此义，不可轻出诏令，必须审定，以为永式。"

注 释

①诏令：唐代法律的表现形式。诏，是皇帝的命令或文告的总称。令，是皇帝的命令，规定各种行政的重要制度。

②涣汗其大号：语出《周易·涣》。孔颖达疏："涣汗其大号者，人遇险厄惊怖而劳，则汗从体出，故以汗喻险厄也。九五处尊，履正在号令之

中，能行号令以散险厄者也，故曰涣汗其大号也。"大号，帝王的号令。

③"慎乃"三句：语出《尚书·周官》。

④日不暇给：形容事务繁忙，没有空闲。

⑤萧何（？～公元前193年）：西汉初年政治家。沛（今江苏沛县）人。早年任秦沛县监狱的小吏。秦末佐刘邦起义。攻克咸阳后，他收取了秦丞相、御史府所藏的律令、图书，掌握了全国的山川险要、郡县户口，并知民间疾苦，对日后制定政策和取得楚汉战争胜利起了重要作用。刘邦为汉王，以萧何为丞相，对建立汉朝起了重要作用。汉朝建立后，以他功最高封为酇侯。他采摭秦法，重新制定律令制度，作《九章律》（《盗律》《贼律》《囚

▲ 萧 何

律》《捕律》《杂律》《具律》《户律》《兴律》《厩律》）。在法律思想上，主张"无为"，喜好"黄老之术"，被拜为相国。高祖死后，辅佐惠帝。

译文

贞观十一年（637年），太宗对身边的大臣说："朝廷发布的诏令格式，如果长期不能稳定，人们就会产生许多疑惑，奸诈之事就会发生得更多。《周易》上说'涣汗其大号'，是说发号施令，就像人体出汗，一出来就收不回去了。《尚书》上也说：'发布命令要慎重，命令发出就必须执行，不得更改。'汉高祖政事繁忙，没有空闲，丞相萧何又出身于小吏，但他们制定的法令还被称得上整齐划一。现在应该仔细地想想这个道理，不能轻率颁发诏令，必须严加审定，作为永久的准则。"

贡赋篇

　　贞观二年，太宗谓朝集使曰①："任土作贡，布在前典，当州所产，则充庭实②。比闻都督、刺史邀射声名③，厥土所赋，或嫌其不善，逾境外求，更相仿效，遂以成俗。极为劳扰，宜改此弊，不得更然。"

　　①朝集使：汉代时各郡每年遣使进京报告郡政及财经情况，称为上计吏。后世袭汉制，改称朝集使。

　　②庭实：陈列于朝堂的贡献物品。

　　③邀射：追求，谋取。

　　贞观二年（628年），太宗对朝集使说："根据土地的生产情况确定贡赋，都记载在从前的政典中，本州的土特产，就充当为朝堂的贡献物品。近来听说各州的都督、刺史为了追求声名，本州的土特产，有的他们嫌不好，就逾越州境到外地去寻求，地方官互相仿效，已经形成风气。此举极为烦劳，应该改掉这些弊病，不允许再这样做。"

贞观十八年，太宗将伐高丽，其莫离支遣使贡白金①。黄门侍郎褚遂良谏曰："莫离支虐杀其主，九夷所不容，陛下以之兴兵，将事吊伐②，为辽东之人报主辱之耻③。古者讨弑君之贼，不受其赂。昔宋督遗鲁君以郜鼎④，桓公受之于太庙。臧哀伯谏曰⑤：'君人者将昭德塞违。今灭德立违而置其赂器于太庙，百官象之⑥，又何诛焉？武王克商，迁九鼎于雒邑⑦，义士犹或非之。而况将昭违乱之赂器，置诸太庙，其若之何？'夫《春秋》之书，百王取则。若受不臣之筐篚⑧，纳弑逆之朝贡，不以为愆，将何致伐？臣谓莫离支所献，自不合受。"

太宗从之。

①莫离支：高丽官名，相当于唐朝吏部尚书兼兵部尚书。

②吊伐：即吊民伐罪，意谓慰问受苦的民众，讨伐有罪的统治者。

③辽东：辽河以东的地区。这里指高丽人。

④宋督遗鲁君以郜鼎：指春秋时宋督杀了殇公，把郜鼎送给鲁桓公，桓公收下郜鼎，放置在太庙里。宋督，宋之卑者，卑者以国氏。督，字华父，宋戴公之孙。鲁君，指鲁桓公。郜，周文王子所封国。在今山东成武东南。春秋时为宋所灭。《春秋·桓公二年》记载：宋华父督弑其君殇公与夷，以郜鼎赂鲁桓公，遂为宋相。

⑤臧哀伯：即臧孙达，春秋时鲁国大夫。

⑥象：效仿。

⑦迁九鼎于雒邑：传说夏禹铸了九个鼎，象征九州，奉为国宝。商汤灭夏，迁九鼎于商邑。周武王灭商，又迁九鼎于雒邑。

⑧筐篚：盛物竹器。方曰筐，圆曰篚。这里指贿赂的礼物。

译 文

贞观十八年（644年），太宗将要讨伐高丽，高丽的莫离支派使者来贡献白金。黄门侍郎褚遂良规劝说："莫离支残酷地杀害了他的国君，是东方各族都不能容忍的，陛下因此起兵，去吊民伐罪，为高丽的百姓洗雪国君被杀的耻辱。古时候讨伐杀害国君的罪人，是不接受他的贿赂的。春秋时宋督杀了殇公，把郜鼎送给鲁桓公，桓公收下郜鼎放置在太庙里。臧哀伯劝谏说：'统治百姓的国君要发扬道德，堵塞邪恶。如今宋督违背道德，行为邪恶，而把他贿赂的器物放在太庙里，如果百官都跟着效仿，还能惩罚谁呢？周武王灭亡了商朝，把九鼎搬迁到雒邑，仁人义士还说他的不是，更何况把明显是邪恶叛乱的贿赂之物放在太庙里呢？'《春秋》上的记载，是值得所有国君取法的准则。如果收受背叛国君的人的礼物，接受杀害国君之人的朝贡，还不认为是错误的，那用什么理由去讨伐高丽呢？臣认为莫离支贡献的礼品，自然不应当接受。"

太宗听从了他的意见。

辩兴亡篇

原　文

贞观初，太宗从容谓侍臣曰："周武平纣之乱，以有天下；秦皇因周之衰，遂吞六国。其得天下不殊，祚运长短若此之相悬也①？"

尚书右仆射萧瑀进曰："纣为无道，天下苦之，故八百诸侯不期而会②。周室微，六国无罪，秦氏专任智力，吞食诸侯。平定虽同，人情则异。"

太宗曰："不然，周既克殷，务弘仁义；秦既得志，专行诈力。非但取之有异，抑亦守之不同。祚之修短，意在兹乎！"

注　释

①祚运：福运。

②八百诸侯不期而会：据《史记·周本纪》记载，商纣王昏乱暴虐，淫乱不止，诸侯都叛离殷商而归顺西伯姬昌（周文王）。周文王卒，武王即位，以太公望、周公旦等人为辅佐，师修文王之业。武王二年，东观兵于孟津（今河南洛阳孟津东北，时为黄河重要渡口），"诸侯不期而会盟津（孟津）者八百"，诸侯都说可以伐纣，武王则认为灭商时机还不成熟，于是退兵。不久武王灭商。不期而会，未经约定而自动聚集。

译 文

贞观初年，太宗从容地对身边的大臣说："周武王平定了商纣王的祸乱，从而取得了天下；秦始皇乘东周的衰微，就吞并了六国。他们取得天下的过程没有什么不同，福运的长短为什么那么悬殊？"

尚书右仆射萧瑀回答说："商纣王治理无道，天下受他的苦，所以八百诸侯未经约定而自动聚集来讨伐纣王。周朝虽然衰落，六国没有罪过，秦始皇全靠智谋和武力，吞食诸侯，逐渐侵占各国的土地。虽然同是平定天下，人们对待他们的态度却不相同。"

太宗说："不是那样的，周取代了商以后，努力弘扬仁义；秦国得志后，却一味地施行欺诈暴力。他们不但取得天下的方式不同，而且守护江山的手段也不同。国运的长短，道理就在这里吧！"

原 文

贞观二年，太宗谓黄门侍郎王珪曰："隋开皇十四年大旱，人多饥乏。是时仓库盈溢，竟不许赈给，乃令百姓逐粮①。隋文不怜百姓而惜仓库，比至末年，计天下储积，得供五六十年。炀帝恃此富饶，所以奢华无道，遂致灭亡。炀帝失国，亦此之由。凡理国者，务积于人，不在盈其仓库。古人云：'百姓不足，君孰与足②。'但使仓库可备凶年③，此外何烦储蓄！后嗣若贤，自能保其天下；如其不肖，多积仓库，徒益其奢侈，危亡之本也。"

注 释

①逐粮：追逐粮食。这里指在灾年百姓到有粮食的地方去逃荒。

②百姓不足，君孰与足：语出《论语·颜渊》。意谓如果百姓不富足，那么国君怎么会富足？此是孔子弟子有若答鲁哀公所问"年饥，用不足，

如之何"时所言。也即是发挥孔子"政在使民富"（《说苑·政理》）的儒家思想。

③凶年：灾荒年。

译文

　　贞观二年（628年），太宗对黄门侍郎王珪说："隋文帝开皇十四年发生大旱，百姓大多饥饿困乏。当时国家的仓库粮食充溢，竟然不允许开仓赈济，却让百姓到有粮食的地方去逃荒。隋文帝不怜悯百姓而吝惜仓库里的粮食，到了他的晚年，统计天下的粮食积储，可供全国食用五六十年。

▲王　珪

隋炀帝倚仗这种富裕，所以才豪华奢侈，荒淫无道，终于导致国家灭亡。隋炀帝的亡国，也是因为这个原由。凡是治理国家的人，务必让百姓积蓄财物，而不在于国库的充溢。古人说：'如果百姓不富足，那么国君怎么会富足？'只要仓库的储蓄能够防备灾荒年，此外又何必过分储蓄！后代儿孙如果贤能，自然能够保持他的天下；如果他不贤能，仓库中储蓄再多，只能增加他的奢侈，也是国家灭亡的祸根。"

原文

　　贞观九年，北蕃归朝人奏①："突厥内大雪，人饥，羊马并死。中国人在彼者皆入山作贼②，人情大恶。"

　　太宗谓侍臣曰："观古人君，行仁义，任贤良则理；行暴乱，任小人则败。突厥所信任者，并共公等见之，略无忠正可取者。颉利复不忧百姓，恣情所为，朕以人事观之，亦何可久矣？"

魏征进曰:"昔魏文侯问李克③:'诸侯谁先亡?'克曰:'吴先亡。'文侯曰:'何故?'克曰:'数战数胜,数胜则主骄,数战则民疲,不亡何待?'颉利逢隋末中国丧乱④,遂恃众内侵,今尚不息,此其必亡之道。"

注释

①北蕃:这里指北突厥国。归朝人:这里指归附唐朝的北突厥人。

②中国人:这里指汉族人。

③魏文侯(? ~公元前396年):战国时期魏国的建立者。姬姓,魏氏,名斯。在位期间首先实行变法,改革政治,奖励耕战,兴修水利,发展封建经济,北灭中山国(今河北西部平山、灵寿一带),西取秦西河(今黄河与洛水间)之地,魏国遂成为战国初期的强国。李克:即李悝,战国初期魏国著名政治家。李克在经济策略方面主张尽地力之教,在政治方面主张法治,提倡富国强兵。文侯时魏国能走上富强之路,李克作出了很大贡献。

④中国:指中原黄河流域一带。古代华夏族建国于黄河流域一带,以为居天下之中,故称中国。

译文

贞观九年(635年),北突厥归附唐朝的人报告太宗说:"突厥境内下了大雪,百姓遭遇饥荒,羊和马也死了很多。在那里的汉人都上山当了强盗,民情特别不好。"

太宗对身边的大臣说:"我观察自古以来的君主能施行仁义、任用贤良者,国家就治理得好;凡是推行暴政、任用小人者,国家就要败亡。突厥君主所信任的人,我们都看到了,大略没有忠诚正直可取的。颉利又不关心百姓,肆意妄为,我从突厥人情事理上分析,他们怎么能长久统治呢?"

魏征进言说:"从前魏文侯问李克:'诸侯中谁会先灭亡?'李克回答说:'吴国先灭亡。'魏文侯又问说:'为什么呢?'李克说:'吴国每战必胜,屡屡获胜,君主就会骄傲;连续打仗,百姓就会疲惫,还有什么不败亡的呢?'颉利可汗乘着隋末中原混乱的时机,就依仗兵强马壮而入侵中原,至今还不罢休,这就是他必定败亡的原因。"

原文

贞观九年,太宗谓魏征曰:"顷读周、齐史,末代亡国之主,为恶多相类也。齐主深好奢侈,所有府库,用之略尽,乃至关市无不税敛。朕常谓此犹如馋人自食其肉,肉尽必死。人君赋敛不已,百姓既弊,其君亦亡,齐主即是也[1]。"

注释

[1]齐主:指齐后主高纬,北齐世祖高洋之子。

译文

贞观九年(635年),太宗对魏征说:"近来读北周、北齐历史,发现末代亡国的皇帝,作恶的情况大多相类似。齐后主非常喜欢奢侈,所有府库的储存,差不多都被他用尽,竟至于关口、集市无处不征收重税来聚敛财富。我时常说这好像馋嘴的人吃自己的肉一样,肉吃完了自己也必定会死亡。国君征收赋税没有休止,百姓疲惫以后,他的国君也就会灭亡,齐后主就是这样。"

征伐篇

贞观四年，有司上言："林邑蛮国，表疏不顺，请发兵讨击之。"

太宗曰："兵者，凶器，不得已而用之。故汉光武云：'每一发兵，不觉头须为白。'自古以来，穷兵极武，未有不亡者也。苻坚自恃兵强[1]，欲必吞晋室，兴兵百万，一举而亡。隋主亦必欲取高丽，频年劳役，人不胜怨，遂死于匹夫之手。至如颉利，往岁数来侵我国家，部落疲于征役，遂至灭亡。朕今见此，岂得辄即发兵？且经历山险，土多瘴疠，若我兵士疾疫，虽克剪此蛮[2]，亦何所补？言语之间，何足介意！"竟不讨之。

①苻坚（338～385年）：十六国时前秦皇帝。略阳临渭（今甘肃秦安）人。氐族。初为东海王，后在宫廷斗争中获胜。357年，自立为大秦天王。任用汉人王猛为丞相，抑制豪强，兴修水利，发展农桑，励精图治，统一黄河流域。383年，苻坚不听劝告，亲率大军进攻东晋，在淝水大败。各族首领乘机反秦自立。后被羌族首

▲苻　坚

领姚萇擒杀。

②克剪：消灭。

 译 文

贞观四年（630年），有官员上奏说："林邑蛮夷之国，所上奏章中的言辞不够恭顺，请发兵讨伐他们。"

太宗说："兵器是凶器，不得已才使用它。所以汉光武帝说：'每一次发兵打仗，不觉头发胡须就变白了。'自古以来，凡是穷兵黩武的人，就没有不灭亡的。符坚倚仗自己兵力强大，一心想要吞并晋朝，发兵百万，一次战争就自取灭亡。隋炀帝也一心想要夺取高丽，连年征发劳役，人民十分怨恨，最后死在匹夫的手中。至于像颉利，往年多次来侵犯我国，他的部落都疲于征战，也导致灭亡。我现在看到这些，哪能就调兵打仗呢？何况要翻山越岭，那些地方瘴气弥漫，瘟疫流行，假如我的士兵染上瘟疫，即使消灭了这个蛮国，又有什么好处呢？语言文字之间的不恭，何必在意！"太宗最终没有发兵讨伐林邑国。

原 文

太宗《帝范》曰①："夫兵甲者，国家凶器也。土地虽广，好战则人凋；邦国虽安，忘战则人殆。凋非保全之术，殆非拟寇之方②，不可以全除，不可以常用。故农隙讲武，习威仪也；三年治兵，辨等列也。是以勾践轼蛙③，卒成霸业；徐偃弃武④，终以丧邦。何也？越习其威，徐忘其务也。孔子曰：'以不教人战，是谓弃之⑤。'故知弧矢之威，以利天下，此用兵之机也。"

注 释

①《帝范》：唐太宗李世民撰。此书系唐太宗自撰的论述人君之道的一部政治文献。他在赐予子女时再三叮嘱，作为遗训："饬躬阐政之道，皆在其中，朕一旦不讳，更无所言。"书成于贞观二十二年（648 年）。全书十二篇，分上、下两卷。该书言简意赅，论证有据，凡"帝王之细，安危兴废，咸在兹焉"。后佚。今本系四库馆臣从《永乐大典》中所辑出，文下有注。此书《四库全书总目》已著录，并刊聚珍版传世。

②拟寇：犹御寇。

③勾践轼蛙：据《吴越春秋》记载：越王勾践将伐吴，自谓未能得士之死力。道见蛙张腹而怒，将有战争之气，即为之轼。其士卒有问于王，曰："君何为敬蛙而为之轼？"勾践曰："吾思士卒之怨久矣，而未有称吾意者。今蛙虫无知之物，见敌而有怒气，故为之轼。"于是军士闻之，莫不怀心乐死。

④徐偃弃武：刘向《说苑》曰："王孙厉谓楚文王曰：'徐偃王好行仁义之道，汉东诸侯，三十二国尽服矣。王若不伐，楚必事徐王。'曰：'若信有道，不可伐。'对曰：'大之伐小，强之伐弱，犹大鱼之吞小鱼也，若虎之食豚也，恶有其理？'文王遂兴师伐徐，残之。徐偃王将死，曰：'吾修于文德，而不明武备；好行仁义之道，而不知诈人之术。'"徐偃，周穆王时诸侯，徐戎的首领，僭称偃王。

⑤"以不教"两句：语出《论语·子路》。意谓让没有受过训练的人去作战，这等于是抛弃他们。

译 文

太宗在《帝范》中说："武器铠甲是国家的凶器。土地虽然广阔，要是喜欢发动战争，百姓就会凋疲；国家虽然安宁，要是忘记了战备，百姓就会懈怠。百姓凋疲不是保全国家的方法，百姓懈怠也不是对付敌人的策略，武装既不能完全解除，也不能经常运用。所以农闲时就讲习武艺，是为了熟悉威仪；三年练兵，是为了辨别等级位列。因此，越王勾践给怒蛙敬礼，是为了激励士气，终于成就了霸主的大业；徐偃王废弃武备，终于丧失了国家。这是为什么呢？因为越国经常练习其威仪，而徐偃王却忘掉了武备。孔子说：'让没有受过训练的人去作战，这等于是抛弃他们。'所以掌握了弓箭的威力，是用它来安定天下，这就是用兵者的职责。"

原 文

贞观二十二年，太宗将重讨高丽。是时，房玄龄遂上表谏曰：

"臣闻兵恶不戢①，武贵止戈……《周易》曰：'知进而不知退，知存而不知亡，知得而不知丧。'又曰：'知进退存亡，而不失其正者，其惟圣人乎②！'由此言之，进有退之义，存有亡之机，得有丧之理，老臣所以为陛下惜之者，盖谓此也。《老子》曰③：'知足不辱，知止不殆。'臣谓陛下威名功德，亦可足矣；拓地开疆，亦可止矣。彼高丽者，边夷贱类，不足待以仁义，不可责以常理。古来以鱼鳖畜之，宜从阔略④。必欲绝其种类，深恐兽穷则搏。且陛下每决死囚，必令三覆五奏，进素食、停音乐者，盖以人命所重，感动圣慈也。况今兵士之徒，无一罪戾，无故驱之于战阵之间，委之于锋刃之下，使肝脑涂地，魂魄无归，令其老父孤儿、寡妻慈母，望轊车而掩泣⑤，抱枯骨而摧心⑥，足以变动阴阳，感伤和气，实天下之冤痛也！且兵，凶器也；战者，危事也，不得已而用之。"

注 释

①不戢：这里指不停止战争。戢，收藏。引申指停止战争。

②"知进"三句：语出《周易·文言传》，是解释乾卦的句子。

③《老子》：书名。道家的主要经典，相传为春秋末老聃所作。书

中以"道"解释宇宙万物的演变，以为"道生一，一生二，二生三，三生万物"，"道"乃"夫莫之命（命令）而常自然"，因而"人法地，地法天，天法道，道法自然"。"道"为客观自然规律，同时又具有"独立而不改，周行而不殆"的永恒意义。书中包括了大量朴素辩证法观点。

④阔略：宽容简略。

⑤辒车：也作"轀车"，运载灵柩的车子。

⑥摧心：极度伤心。

译 文

贞观二十二年（648年），太宗将要再次兴兵讨伐高丽。这时房玄龄上奏章劝谏说：

"臣听说战争最可怕的在于不能止息，武功最可贵的在于能制止战争……《周易》上说：'知道前进而不知道后退，知道生存而不知道灭亡，知道取得而不知道丧失。'又说：'知道前进、后退、生存、灭亡，而又不迷失正道的人，只有圣人吧！'根据这点来说，前进中包含着后退的涵义，生存中包含着灭亡的契机，取得中包含着丧失的可能，老臣所以替陛下惋惜的原因，也就在于这个。《老子》上说：'知道满足就不会受辱，知道适可而止就不会有危险。'臣下认为陛下的威名功德，可以满足了；开拓版图、扩大疆域，可以停止了。那个高丽国是边远外族低贱的族类，不值得用仁义来对待它，不能用正常的道理来要求它。自古以来就把它当做鱼鳖来畜养，应该对它施行宽缓简略的政策。如果一定要灭绝他们的种族，我非常担心他们会像野兽被逼得无路可走时那样拼死反抗。况且陛下每次判决死刑囚犯，一定要下命令反复审查多次再上奏，并且吃素食，停止音乐，其原因就是因为人命至重，感动了陛下仁慈的心。何况现在的士卒没有一点罪恶过失，无缘无故地驱赶他们到战阵中，置身在锋利的刀刃之下，使他们肝脑涂地，魂魄不能回归故乡，让他们的老父孤儿、寡妻慈母，凝望着运载灵柩的车子掩面哭泣，怀抱着亲人的枯骨极度伤心，这样足以使阴阳发生异常变动，动摇和损伤天地间和谐的气运，这实在是天下的冤屈和悲痛啊！而且兵器，是凶险之器；战争，是危险的事情，万不得已才能使用它们。"

原文

贞观二十二年，军旅亟动，宫室互兴，百姓颇有劳弊。充容徐氏上疏谏曰[①]：

"妾见顷年以来，力役兼总[②]，东有辽海之军[③]，西有昆丘之役[④]，士马疲于甲胄，舟车倦于转输。且召募投戍，去留怀死生之痛；因风阻浪，往来有漂溺之危。一夫力耕，年无数十之获；一船致损，则倾数百之粮。是犹运有尽之农功，填无穷之巨浪；图未获之他众，丧已成之我军。虽除凶伐暴，有国常规，然黩武玩兵，先哲所戒。昔秦皇并吞六国，反速危亡之基；晋武奄有三方[⑤]，翻成覆败之业。岂非矜功恃大，弃德而轻邦，图利忘害，肆情而纵欲？遂使悠悠六合[⑥]，虽广不救其亡；嗷嗷黎庶，因弊以成其祸。是知地广非常安之术，人劳乃易乱之源。愿陛下布泽流仁[⑦]，矜恤弊乏，减行役之烦[⑧]，增雨露之惠。

注释

①充容：唐代嫔妃名。徐氏：即唐太宗妃徐惠，湖州长城（今属浙江）人，徐孝德之女。因为才思不凡，被唐太宗召入宫中，封为才人。贞观末，上书极谏征伐、土木之烦，太宗颇善其言。太宗卒，因悲成疾，二十四岁就以身殉情。赠贤妃。

②力役：指力役和兵役。

③辽海之军：指贞观十八年（644年）唐太宗征伐高丽之事。

④昆丘之役：指贞观二十二年（648年）唐军西征龟兹之事。昆丘，

即指昆仑山。

⑤晋武奄有三方：指晋武帝代魏自立，并攻占蜀、吴，统一全国。奄，覆盖，包括。

⑥六合：指上、下和东、西、南、北四方，即天地四方。也泛指天下。

⑦流亡：指流离失所之人。亡，通"人"。

⑧行役：指因军役或劳役而在外奔波跋涉的人。

贞观二十二年（648年），军队屡次大规模行动，宫室交替兴建，百姓很是辛劳疲困。宫中充容徐氏上奏章规劝说：

"我见到近年以来，徭役、兵役同时进行，东边有征辽的军队，西边有讨龟兹的战役，军士马匹都疲于战争，车船厌倦于来回运输。且招募来戍边的士兵，离去的或留下的都怀有生离死别的悲痛；因为风狂浪阻，运输的人员和粮米都有漂走淹死的危险。一个农夫努力耕作，一年也难有几十石的收获；一艘船遭到损坏，就倾覆数百石的粮食。这好像是运送有尽的农产品，去填充无尽的巨浪；贪图还没有获得的外族民众，却丧失了自己已经训练好了的军队。虽然铲除凶恶、讨伐残暴，是国家正常的规矩，然而滥用武力发动战争，是先哲经常警戒的事情。从前秦始皇吞并了关东六国，反而成为迅速覆亡的基础；晋武帝夺取魏、蜀、吴三国，反而成为导致倾败的坏事。难道不正是因为自恃功业强盛，抛弃了道德而轻视国家安危，贪图利益而忘了危害，放纵私欲的结果吗？于是使得久长无穷的天地，虽然广阔也不能挽救他们的灭亡；饥饿哀号中的百姓，由于困苦不堪而造成他们的灾祸。由此可知，地域广阔并不是保持国家长治久安的策略，人民劳苦才是容易发生祸乱的根源。希望陛下向流离失所的人们布施恩泽仁义，怜悯、接济穷困疲乏的人，减少徭役、军役跋涉的烦劳，增加像甘露一样的恩惠。

原文

"妾又闻为政之本，贵在无为。窃见土木之功，不可兼遂。北阙初建，南营翠微①，曾未逾时，玉华创制②。非惟构架之劳③，颇有工力之费。虽复茅茨示约④，犹兴木石之疲；假使和雇取人⑤，不无烦扰之弊。是以卑宫菲食⑥，圣王之所安；金屋瑶台，骄主之为丽。故有道之君，以逸逸人；无道之君，以乐乐身。愿陛下使之以时，则力不竭矣；用而息之，则人斯悦矣。

注释

①翠微：即指翠微宫，唐离宫名。在终南山上，贞观二十一年（647年）建。

②玉华：即指玉华宫，唐离宫名。在陕西宜君县，贞观二十一年（647年）建。

③构架：指建造宫殿。

④茅茨：以茅草盖屋，谓居住俭补。

⑤和雇：古代官府出价雇用人力。

⑥菲食：粗劣的饮食。

译文

"妾又听说，治理国家的根本，最可宝贵的就是无为而治。妾私下以为，大兴土木的事情不能同时进行多项。北边的皇宫刚刚修建，南边又在营造翠微宫，还没有超过一年，又开始修建玉华宫。这不仅仅是建造屋宇的辛劳，还造成很多人力物力的浪费。虽然盖了茅草屋来显示俭朴节约，却又大兴土木，使人民疲惫不堪；即使是官府出价雇用人力，也不可避免会有烦扰百姓的弊端。因此简陋的宫室、简单的饮食，是圣明国君所安心受用的；金玉装饰的殿宇楼台，是骄奢放纵的国君为了奢侈靡丽。所以，有道的国君，用安逸使人民得到休息；昏庸无道的国君，用音乐使自己得到享乐。希望陛下要根据农时合理使用人力，那么人力就不会竭尽了；使用他们而又能让他们得到休息，这样百姓的内心就会高兴。

原 文

"夫珍玩技巧，为丧国之斧斤；珠玉锦绣，实迷心之酖毒。窃见服玩鲜靡[1]，如变化于自然；职贡奇珍，若神仙之所制。虽驰华于季俗[2]，实败素于淳风。是知漆器非延叛之方，桀造之而人叛；玉杯岂招亡之术，纣用之而国亡。方验侈丽之源，不可不遏。夫作法于俭，犹恐其奢；作法于奢，何以制后？伏惟陛下，明照未形，智周无际，穷奥秘于麟阁[3]，尽探赜于儒林[4]。千王理乱之踪，百代安危之迹，兴亡衰乱之数，得失成败之机，固亦包吞心府之中，循环目围之内，乃宸衷久察[5]，无假一二言焉。惟知之非难，行之不易，志骄于业著，体逸于时安。伏愿抑志摧心，慎终成始，削轻过以添重德，择今是以替前非，则鸿名与日月无穷，盛业与乾坤永泰！"

太宗甚善其言，特加优赐甚厚。

注 释

①鲜靡：鲜艳细腻。

②季俗：指末世颓败的风俗。

③麟阁：即麒麟阁。汉宣帝曾将功臣的像画在麒麟阁内，以表彰其

功绩。

④探赜：探究幽深隐秘的事理。赜，幽深莫测。

⑤宸衷：指帝王的心意。宸，帝王的住处。借指帝王。衷，内心。

"那些珍奇的玩物和技艺，是亡国的斧子；珠宝和锦绣，实在是迷乱心智的毒药。妾看见宫廷服用玩物鲜艳华丽，就像是从自然中变化出来的一样；进贡来的珍宝奇物，就像是神仙制造出来的一样。虽然可在颓废的世俗中张扬奢侈华丽，实际上却是败坏了淳朴的风尚。由此可知，漆器并不是招致叛逆的原因，夏桀造了它却引起了诸侯叛离；玉杯也不是招致灭亡的原因，纣王用了它却导致了国家的灭亡。这才验证了奢侈靡丽是亡国的根源，不能不加以遏止。以俭朴作为法则，还担心太奢侈了；做事效法奢侈，又凭什么来约束后人？希望陛下洞察尚未成形的事物，智慧遍及无垠大地，在麒麟阁上探寻其成功的秘密，与儒林学士探究幽深微妙的义理。那么成千君王治理与祸乱的踪迹，百世安定与危险的迹象，兴亡治乱的命运，得失成败的关键，就能包容在心中，往复循环在眼前，这是陛下内心长期思考的结果，无须借助妾的一两句话来说明。但只是了解这些并不困难，而实行起来却不很容易。意志骄纵是由于功业显著，身体逸乐是由于时势安定。希望陛下能抑制内心的欲望，坚持当初的志向，改正轻微的过失来增添高尚的品德，择取今天正确的去代替昨天错误的，那么宏大的名声将与日月一样无穷，盛大的事业就会像天地一样永存！"

太宗很赞赏她的话，特别给予优厚的赏赐。